rowohlts monographien

HERAUSGEGEBEN

VON

KURT KUSENBERG

FRIEDRICH II.
VON HOHENSTAUFEN

IN
SELBSTZEUGNISSEN
UND
BILDDOKUMENTEN

DARGESTELLT
VON
HERBERT NETTE

ROWOHLT

Dieser Band wurde eigens für «rowohlts monographien» geschrieben
Den Anhang besorgte der Autor
Herausgeber: Kurt Kusenberg · Redaktion: Beate Möhring
Schlußredaktion: K. A. Eberle
Umschlagentwurf: Werner Rebhuhn
Vorderseite: Friedrich II. von Hohenstaufen.
Miniatur aus dem sog. «Falkenbuch» des Kaisers.
Rom, Vatikanische Bibliothek (Pressebildarchiv Gisela Hertel, Bad Berneck)
Rückseite: Der staufische Kaiseradler.
Goldemail. Grabbeigabe. Domschatzkammer, Palermo
(Foto Lala Aufsberg, Sonthofen im Allgäu)

Veröffentlicht im Rowohlt Taschenbuch Verlag GmbH,
Reinbek bei Hamburg, Januar 1975
© Rowohlt Taschenbuch Verlag GmbH, Reinbek bei Hamburg, 1975
Alle Rechte an dieser Ausgabe vorbehalten
Gesetzt aus der Linotype-Aldus-Buchschrift
Gesamtherstellung Clausen & Bosse, Leck/Schleswig
Printed in Germany
ISBN 3 499 50222 4

INHALT

KINDHEIT UND FRÜHE JUGEND 7

DIE JAHRE IN DEUTSCHLAND 15

UNTERWERFUNG SIZILIENS – ERSTER KONFLIKT
MIT DEM PAPST 28

DER KREUZZUG DES GEBANNTEN 40

DER GESETZGEBER 48

FRIEDRICHS II. HOF ALS KULTURZENTRUM –
DAS FALKENBUCH 65

DIE REVOLTE DES SOHNES –
ZWEITER DEUTSCHLAND-AUFENTHALT –
DIE SCHLACHT BEI CORTENUOVA 83

DER ANTICHRIST 101

HAMMER DER WELT 122

DIE VERSCHWÖRUNG GEGEN DEN KAISER –
SEIN TOD 130

PERSÖNLICHE UND GESCHICHTLICHE
BEDEUTUNG 136

ANMERKUNGEN 142

ZEITTAFEL 146

ZEUGNISSE 147

BIBLIOGRAPHIE 151

NAMENREGISTER 156

ÜBER DEN AUTOR 158

QUELLENNACHWEIS DER ABBILDUNGEN 158

Friedrich II. Abguß einer später zerstörten Büste. Privatbesitz

KINDHEIT UND FRÜHE JUGEND

Friedrich II., der letzte und größte der Stauferkaiser, wurde am 26. Dezember 1194 in Jesi, einer kleinen Bergstadt bei Ancona unweit der adriatischen Küste, geboren und starb am 13. Dezember 1250 in dem Castel Fiorentino in Apulien. In den 56 Jahren seines Lebens war er nur zweimal, insgesamt kaum zehn Jahre, in Deutschland. Ob er, der viele Sprachen beherrschte, Deutsch gesprochen oder verstanden hat, ist nicht sicher bezeugt. So ist es begreiflich, daß man ihn bisweilen einen Italiener genannt und sogar in Frage gestellt hat, ob er überhaupt eine Gestalt der deutschen Geschichte sei.

So gewiß er das ist, liegt eine solche Frage doch nahe, schon im Blick auf seine Herkunft. Staufer vom Vater, Normanne von der Mutter her – die oft gebrauchte Formel kann zu der Annahme verleiten, das schwäbisch-deutsche und germanische Element habe in seinem Stammbaum vorgeherrscht. Aber schon sein Großvater Friedrich I., den die Italiener Barbarossa nannten, war mütterlicherseits mit norditalienischem Adel versippt, und dessen Gemahlin Beatrix, aus burgundischem Grafen- und lothringischem Herzogsgeschlecht, gehörte nicht nur der Sprache nach dem französischen Kulturkreis an. Beider Sohn Heinrich VI. heiratete Konstanze, die Tochter des normannischen Königs Roger II. von Sizilien, dessen Vorfahren seit langem in Frankreich und Süditalien seßhaft gewesen waren; an ihren Höfen war Französisch die Umgangssprache. Das einzige Kind aus dieser Ehe war Friedrich II. Die germanischen und romanischen Dominanten seines Wesens wird man danach, zumal bei seiner bis zur Widersprüchlichkeit vielseitigen Genialität, nur schwer unterscheiden können. Sicher ist das Imperiale seiner Natur wie seiner Staatsidee staufische Tradition, ist die hohe geistige und organisatorische Rationalität normannisches Erbteil. In seinem Äußeren wiesen die rötlich-blonden Haare auf die staufischen Vorfahren hin, während er die bräunliche Hautfarbe mit seiner Mutter gemeinsam hatte.

Heinrich VI. hatte die elf Jahre ältere sizilische Königstochter 1186 geheiratet. Als drei Jahre später ihr Neffe Wilhelm II. von Sizilien starb, ohne einen Erben zu hinterlassen, machte der Kaiser das Erbrecht seiner Gemahlin auf das Südreich geltend und begründete seinen Anspruch außerdem mit altem Reichsrecht. Dagegen empörten sich die einheimischen Barone und örtlichen Machthaber.

Für Heinrichs Politik war die Verbindung der kaiserlichen Festlandsherrschaft mit der Mittelmeermacht Sizilien das große Ziel.

Kaiser Heinrich VI. Miniatur aus der Manessischen Handschrift. Um 1320. Universitätsbibliothek, Heidelberg

Zudem war der Herrscher des südlichen Erbreichs nicht, wie der deutsche König, von der Wahl durch die Fürsten abhängig.

Als er im Sommer 1194 durch Mittelitalien südwärts zog, blieb seine Gattin der bevorstehenden Niederkunft wegen in Jesi zurück. Die Aufständischen in Sizilien warf er in den folgenden Monaten mit blutiger Gewalt nieder und bestrafte sie grausam – einem Thronprätendenten wurde eine glühende Eisenkrone in den Schädel ge-

Jesi, heute. Der Obelisk auf dem Marktplatz erinnert daran, daß die Stadt der Geburtsort Friedrichs II. ist

trieben. Am Tag vor der Geburt seines Sohnes, Weihnachten 1194, wurde er im Dom des vor kurzem eroberten Palermo zum König Siziliens gekrönt.

Seinen Sohn hat er nur zweimal flüchtig gesehen. Friedrich wurde nämlich nicht bei seinen Eltern in Palermo aufgezogen, sondern verbrachte seine ersten Lebensjahre bei der Gattin Konrads von Urslingen, des Herzogs von Spoleto, in Foligno. Seine Mutter hatte ihn

Assisi: Dom S. Rufius. Hier wurde Friedrich getauft

Konstantin nennen wollen, doch erhielt er bei der Taufe die Namen seiner beiden Großväter: Friedrich Roger. Der Dreijährige, der auf Betreiben Heinrichs VI. Ende 1196 von den deutschen Fürsten zum römisch-deutschen König gewählt worden war, sollte von Philipp von Schwaben, dem Bruder seines Vaters, nach Frankfurt zur Krönung geleitet werden. Aber am 28. September 1197 starb Kaiser Heinrich VI. nach kurzer Krankheit, nur 31 Jahre alt, in Messina.

In seinen letzten Verfügungen versuchte er, durch große Nachgiebigkeit gegenüber dem Papsttum für seinen Sohn die Nachfolge als Kaiser und als König von Sizilien zu sichern.

Indessen brachen, sobald der Tod des Kaisers bekanntgeworden war, in Oberitalien Aufstände gegen die verhaßte Herrschaft der Deutschen aus. Sie zwangen Philipp von Schwaben, schnellstens nach Deutschland zurückzukehren. Dort wurde er, unter Mißachtung der früheren Wahl Friedrichs, von den meisten deutschen Fürsten zum König gewählt. Damit brach der alte staufisch-welfische Zwist wieder aus. Eine Anzahl meist norddeutscher Fürsten stellte gegen ihn Otto IV., den Sohn des Sachsen-Herzogs Heinrich des Löwen, auf. Der langjährige Bürgerkrieg, der damit in Deutschland begann, liegt außerhalb des Themas unserer Darstellung.

Konstanze, die Normannin, deren Deutschenhaß durch die brutalen Strafen Heinrichs gegen ihre Landsleute und Verwandten noch gesteigert worden war, verwies nach seinem Tode die Deutschen des Landes, verzichtete auf das römische Königtum ihres Sohnes und ließ ihn am Pfingstsonntag 1198 zum König Siziliens krönen, nachdem sie die päpstliche Lehnshoheit in aller Form wieder anerkannt hatte. Mit alldem kam sie den Plänen der römischen Kurie entgegen, für die die Vereinigung des Imperiums mit dem sizilischen Königreich eine Gefährdung ihres Lehnsrechtes und eine Bedrohung des Kirchenstaats bedeutete. Der damalige Papst Innozenz III., der größte und erfolgreichste unter allen Päpsten, hatte nämlich die territoriale Herrschaft der Kirche in Mittelitalien bis zur Adria ausgedehnt und damit das nördliche Italien von Sizilien abgeriegelt.

Konstanze überlebte ihren Gatten nur um wenig mehr als ein Jahr. In ihrem Testament hatte sie die Regentschaft im Königreich Sizilien und die Vormundschaft über ihren Sohn dem Papst übertragen. Dieser setzte eine Regierung von vier Erzbischöfen unter dem Kanzler Walter von Palearia ein, die sich jedoch nicht durchsetzen konnte. Das Königreich versank in Anarchie. Päpstliche Legaten, süditalienische Barone, sizilische Sarazenen, aber auch Genuesen und Pisaner, die konkurrierend am Mittelmeerhandel interessiert waren, kämpften gegeneinander um die Macht. Auch die Vertreibung der Deutschen aus ihren Burgen gelang nicht. Im November 1201 eroberte der kaiserliche Truchseß Markward von Anweiler die Stadt und die Burg Palermo und bemächtigte sich des jungen Königs. Über den Vorgang und das leidenschaftlich-wilde Verhalten des Siebenjährigen berichtete der Erzbischof Rainald von Capua in einem Brief an Papst Innozenz III. Darin heißt es: «Als der Knabe durch die fluchwürdige Treulosigkeit seiner Wächter verraten und er, der sanfte junge König, von dem, der ihm nach dem Leben trach-

*Papst Innozenz III. (1198–1216). Mosaik.
Vatikanische Bibliothek, Rom*

tete, in den innersten Gemächern des Palastes gestellt war und als er nun die Gefangenschaft unabwendbar vor Augen sah, weil die Schwäche seiner Jugend und der Abfall seiner Leibwächter jede Möglichkeit einer Verteidigung ausschlossen, als ihm klar wurde, daß er nun den Fesseln der Barbaren ausgeliefert sei ... da schützte er sich statt mit Waffengewalt durch Tränen und vermochte doch nicht – ein gutes Vorzeichen für den künftigen Herrscher – den Adel königlicher Gesinnung zu verleugnen; so sprang er, da er ja doch ergriffen werden mußte, dem Häscher entgegen und suchte,

Palermo: Palazzo Reale. Königsgemächer im zweiten Stock

so gut er konnte, die Hände dessen, der den Gesalbten des Herrn antastete, zu lähmen. Darauf nestelte er seinen Königsmantel auf, zerriß voll Schmerz seine Kleider und zerkratzte mit der Schärfe der einschneidenden Nägel sein zartes Fleisch.»[1]*

In den nächsten Jahren wurde der vater- und mutterlos Aufgewachsene zum Spielball der oft wechselnden Machthaber Palermos. In einem Brief, der in seinem Namen an alle Fürsten gesandt wurde,

---

* Die hochgestellten Ziffern verweisen auf die Anmerkungen S. 142 f.

wenn er auch dem Stil nach kaum von ihm selbst verfaßt sein kann, beklagt sich «der Erbe des Königtums und der kaiserlichen Würde» über die knechtische Bevormundung, der er unterworfen sei:

Bald plagt mich der Deutsche, bald verletzt mich der Toskaner, bald quält mich der Sizilier, bald beunruhigt mich der Gallier und der Barbare oder sonstwer. Die tägliche Nahrung wird mir nach Gewicht, der Trank becherweise, die Freiheit kärglich zugemessen. Unter Mißbrauch des königlichen Namens werde ich mehr regiert, als daß ich regiere, wird mir mehr befohlen, als daß ich befehle, muß ich mehr erbitten, als ich bekomme.[2]

Trotz der auf Wirkung berechneten Rhetorik, in der das Schreiben abgefaßt war, enthielt es kaum Übertreibungen. Es ist verbürgt, daß mitleidige Bürger Palermos den Knaben beköstigten, je nach Vermögen einer eine Woche, ein anderer einen Monat lang. Von einer Erziehung, gar einer prinzlichen, kann keine Rede sein. Für die Behauptung islamischer Historiker, die manches Spätere erklären würde, ein arabischer Gelehrter habe sich des Heranwachsenden angenommen, gibt es keinen haltbaren Beleg. Beiläufig wird lediglich einmal Unterrichtung durch einen Magister erwähnt, und da früh Friedrichs Fertigkeit im Fechten, Bogenschießen und Reiten gerühmt wird, muß er zum mindesten zu diesen körperlichen Übungen angeleitet worden sein. Im übrigen wird er in den Gassen der Stadt umhergestreift und dort mit den Vertretern verschiedenster Religionen, Kulturen und Sprachen, mit Griechen, Arabern, Juden, Szilianern, Normannen und Deutschen in Berührung gekommen sein. So ist es nicht verwunderlich, daß seine Umgebung nicht nur eine für sein Alter ungewöhnliche Selbstsicherheit an ihm wahrnahm, sondern auch «ein ungehöriges und unziemliches Betragen, das ihm nicht die Natur mitgegeben, sondern an das ihn ein rüder Umgang gewöhnt hat»[3].

Die Atmosphäre von Intrige, Verrat, Gefahr und Not, in der er aufwuchs, scheint ihn über sein Alter hinaus gereift zu haben. Was in «diesem Knaben mit den Feueraugen» steckte, erkannte sein päpstlicher Vormund schon früh, als er über ihn urteilte, er wisse das Schlechte zu verwerfen und das Gute herauszuheben und schreite auf beiden Füßen fest einher.[4] Die eingehendste Beschreibung des Dreizehnjährigen findet sich in einem Brief eines mit Namen nicht bekannten Gefolgsmannes, der sich bei aller Bewunderung doch nicht blind für die Fehler seines Herrn zeigt und dadurch glaubhaft und aufrichtig wirkt: «Die Statur des Königs mußt du dir zwar nicht klein vorstellen, doch auch nicht größer, als es seinem Alter entspricht. Die Natur hat ihm aber den Vorzug verliehen, daß sie ihm zu einem festen Körper kräftige Gliedmaßen gab, denen zu jeder

Betätigung eine natürliche Ausdauer innewohnt. Niemals müßig verbringt er den Tag in dauernder Tätigkeit, und damit die Kraft durch Übung gemehrt werde, bildet er seinen gelenken Körper in jeglicher Handhabung und Kunst der Waffen aus. So verbringt er in immer wechselnder Beschäftigung den ganzen Tag bis zur Nacht und verwendet dann noch die ganze Zeit der folgenden Vigilie auf die Waffenkunde. Übrigens ist ihm eine königliche Würde zu eigen, die Miene und gebieterische Majestät des Herrschers, ein Antlitz von anmutiger Schönheit, mit heiterer Stirn und noch leuchtenderer Heiterkeit der Augen, so daß es eine Freude ist, ihn anzuschauen. Er ist munter, gelehrig und von scharfem Geist ... Damit hängt freilich zusammen, daß er, unzugänglich für Ermahnungen, nur dem Ermessen seines eigenen freien Willens folgt und es, soviel man sehen kann, als schimpflich empfindet, noch bevormundet und für einen Knaben statt für einen König erachtet zu werden. Und daher kommt es, daß er, der jede Bevormundung ablehnt, die Freiheit, die er sich nimmt, oft das Maß dessen, was einem König geziemt, überschreitet, und die Art seines öffentlichen Umgangs und das allgemeine Gerede darüber die Ehrfurcht vor der Majestät mindern.»[5]

DIE JAHRE IN DEUTSCHLAND

Mit vierzehn Jahren wurde Friedrich nach sizilischem Recht mündig. Damit endete die Regentschaft des Papstes über das Königreich, zu dem außer Sizilien auch Unteritalien gehörte. Indessen wollte Innozenz den Einfluß auf seinen Schützling, der ihm gegenüber bereits eine Probe seiner jüngst erlangten Selbständigkeit abgelegt hatte, nicht leichthin aufgeben. Mit Mühe gelang es ihm, Friedrich für eine Eheschließung mit der verwitweten fünfundzwanzigjährigen Konstanze, Schwester Peters II. von Aragón, zu gewinnen. Konnten den König wahrscheinlich nur die als Mitgift zugesagten 500 spanischen Ritter locken, so hatte der Papst ein doppeltes Motiv: erstens verhinderte er eine Verbindung Friedrichs mit einer deutschen Fürstentochter, zum andern verschwägerte er ihn mit dem Königshaus Aragón, das von der Kurie lehnsabhängig war. Im August 1209 traf Konstanze in Palermo ein, wo bald darauf die Hochzeit stattfand.

Ein Jahr zuvor war in Bamberg König Philipp von Schwaben aus persönlicher Rache vom Pfalzgrafen Otto von Wittelsbach meuchlings ermordet worden. Nach zehnjährigem Bürgerkrieg war daraufhin Otto IV. von den deutschen Fürsten einstimmig anerkannt und

15

Krone aus dem Sarkophag der Kaiserin Konstanze. Domschatz, Palermo

vom Papst, der dadurch die unter einem Staufer stets drohende Vereinigung Siziliens mit dem Reich abgewendet glaubte, in Rom zum Kaiser gekrönt worden. Aber der Welfe sollte sich nicht, wie erhofft, als das weltliche Schwert der Kirche erweisen. Er bestritt deren italische Gebietsansprüche und rüstete zu einem Angriff auf Sizilien. Als er sich anschickte, von Tarent aus die Meerenge von Messina zu überqueren, schien die Lage für Friedrich angesichts seiner schwachen Streitkräfte so hoffnungslos, daß er in Palermo eine Galeere bereithalten ließ, um nach Afrika fliehen zu können.

«Das Schwert, das Wir Uns geschaffen, schlägt Uns schwere Wunden»[6], erkannte der Papst, aber er war nicht gewillt, die Durchkreuzung seiner politischen Pläne hinzunehmen. Er sprach den Bann über Otto IV. aus und legte mit allen Mitteln diplomatischer Kunst und Intrige Gegenminen. So erreichte er, daß mehrere deutsche Fürsten den Kaiser für abgesetzt erklärten und Friedrich II. zum römisch-deutschen König wählten. Für Otto IV. war damit der Rückzug nach Deutschland zur zwingenden Notwendigkeit geworden. Mitten im Winter überschritt er die Alpen und war im März 1212 in Frankfurt.

Die ganz unwahrscheinliche Wende seines Geschicks mußte Friedrich wie ein Wunder erscheinen. Er sah darin – jedenfalls äußerte er sich später in diesem Sinne – eine Berufung durch göttliche Vorsehung gegen jede menschliche Voraussicht. Zwar rieten ihm

Otto IV. als kniender Stifter (rechts).
Vom Dreikönigsschrein des Kölner Doms

alle seine Anhänger, die mit Recht vor der Unzuverlässigkeit der deutschen Fürsten warnten, davon ab, die Wahl anzunehmen, allen voran Konstanze, die eben ihren ersten und einzigen Sohn, den später so unglücklichen Heinrich (VII.) geboren hatte. Aber der junge König traf, überzeugt von seiner Sendung, auch diese erste große Entscheidung, die folgenreichste seiner Laufbahn, allein und gegen alle Widerstände.

«Arm und abgerissen wie ein Bettler»[7], trat er mit wenigen Begleitern Mitte März 1212 die Fahrt in das große Abenteuer an – den sagenhaften Zug nach Deutschland. Zuvor hatte er die Regierung des Südreichs seiner Gemahlin übertragen und seinen noch nicht einjährigen Sohn zum König Siziliens krönen lassen. In Rom wurde er von Volk und Senat begeistert, vom Papst ehrenvoll empfangen. Nachdem er seinem ehemaligen Vormund, wie seine normannischen Vorgänger, den Lehnseid für Sizilien geleistet hatte, bestätigte Innozenz III. seine Wahl und stellte dem Sohn der Kirche, wie er ihn nannte, für die Fahrt in den Norden reichlich Geldmittel zur Verfügung.

Friedrich blieb nur wenige Tage in Rom. Aber der Eindruck, den die Ewige Stadt und die Ruinen als Denkmäler cäsarischer Macht auf ihn ausgeübt haben, muß sehr stark gewesen sein. Vielleicht keimte schon damals in ihm die Idee der Weltherrschaft nach antikem Vorbild. In einem Brief an die Römer aus späteren Jahren, als er mit der Kurie längst unheilbar zerstritten war, preist er *die königliche Stadt, die Uns wie eine Mutter den Sohn aus ihren Armen nach Deutschland zu gehen bestimmt hat, um den kaiserlichen Gipfel zu erreichen. Eurem Ansehen schreiben Wir zu, was Wir in der Zwischenzeit unter glücklichen Vorzeichen vollführten, während Wir nun in die Stadt, aus der Wir in der Furcht vor einem zweifelhaften Schicksal auszogen, mit dem Ruhm eines großartigen Erfolges zurückkehren. Dadurch rufen Wir Uns nämlich die Erinnerung an die alten Caesaren wach, denen für ihre unter siegreichen Zeichen vollbrachten herrlichen Taten Senat und Volk von Rom Triumphe und Lorbeeren darbrachten.*[8]

Von Rom gelangte Friedrich auf gemieteten Schiffen nach Genua. Die Bevölkerung der im Gegensatz zum rivalisierenden Pisa von jeher stauferfreundlichen Stadt bereitete ihm einen festlichen Empfang. Der Weitermarsch verzögerte sich wochenlang, weil die welfischen Gegner dem «Pfaffenkaiser», wie sie ihn höhnten, die Wege verlegt hatten. Zwischen Pavia und Cremona, zwei ihm verbündeten Städten, versuchten die Mailänder den König zu fangen. Bei dem Fluß Lambro kam es zu einem mörderischen Gefecht, bei dem viele Pavesen fielen. Aber Friedrich konnte sich, indem er auf einem ungesattelten Pferd den Fluß durchschwamm, vor den Verfolgern retten und Cremona erreichen. Von Enttäuschung und Ärger der Mailänder über die gelungene Flucht zeugt ihr Spottwort, der Knabe habe seine Hosen im Lambro gewaschen.

Über Mantua und Verona zog Friedrich das Etschtal hinauf bis Trient, aber dort fand er die Brennerstraße von feindlichen Truppen gesperrt. Er mußte die Alpen auf den unwegsamen Engadinpässen überschreiten, um nach Chur zu gelangen, dessen Bischof ihn gemäß päpstlichem Befehl nach Sankt Gallen weitergeleitete, wo er 300 Reiter zur Verstärkung erhielt. In Eilmärschen rückte er nach Konstanz vor. Dort hatte man sich bereits auf den Empfang Kaiser Ottos, der in Überlingen lagerte, vorbereitet. Erst als der Erzbischof Berard von Bari, der als päpstlicher Legat den König begleitete, die Exkommunikation des Welfen verlesen hatte, ließ der Bischof von Konstanz das Stadttor für den Staufer öffnen. «Wäre Friedrich», schrieb ein zeitgenössischer Chronist, «drei Stunden später in Konstanz eingetroffen, so wäre er niemals in Deutschland hochgekommen.»[9]

Bereits eine Woche später konnte er, mit königlichen Ehren empfangen, in Basel einziehen. Und dann fielen ihm fast über Nacht die alten staufischen Erblande am Oberrhein und in Schwaben ohne Schwertstreich zu. Überall wurde das «Kind von Pülle», der Knabe Apuliens, wie ihn das Volk nannte, jubelnd in den festlich geschmückten Städten, Orten und Burgen begrüßt. Zweifellos trug der Glanz seines Namens, die Schönheit und Heiterkeit des Siebzehnjährigen, den zudem ein Zauber südländischer Fremdheit umwehte, zu solchem Triumph bei. Dazu kam, daß er seine Anhänger verschwenderisch mit Geld und die Fürsten mit Versprechungen und Gütern des Reiches bedachte. Provenzalische und deutsche Dichter, unter ihnen der einflußreichste, Walther von der Vogelweide, wußten denn auch nicht genug den Adel seines Wesens, seine Milde und Freigebigkeit zu rühmen. Nüchterner und weniger sichtbar waren die Realitäten, die solche fast legendären Erfolge möglich gemacht hatten: der Druck des Papstes auf die geistlichen Großen und die Bestechungsgelder, die Frankreich manchen unentschiedenen Fürsten zahlte.

Otto IV., der bei Breisach noch einmal vergeblich versucht hatte, den Vormarsch des Königs aufzuhalten, mußte sich bis nach Köln zurückziehen. Friedrich aber war, nachdem er noch das Elsaß, *Unser deutschen Erbländer geliebtestes* [10], durchzogen hatte, nach wenigen Wochen Herrscher von Burgund bis Böhmen. Am 5. Dezember 1212 wurde er von vielen Fürsten erneut zum König gewählt und vier Tage später in Mainz durch Erzbischof Siegfried gekrönt.

*Walther von der Vogelweide.
Aus der Manessischen Handschrift*

Daß zu den Siegern auch der Papst, sein Schützer und Wohltäter, gehörte und für die wirksam geleistete Hilfe honoriert werden mußte, dessen war sich Friedrich wohlbewußt. Im Juli 1213 erkannte er in Eger mit Zustimmung der Fürsten die territorialen Ansprüche der Kirche in Mittelitalien an und leistete den ebenso schwerwiegenden Verzicht auf die Mitwirkung bei Bischofs- und Abtswahlen.

Der immer noch andauernde deutsche Thronstreit wurde von einer ausländischen Macht entschieden: In der Schlacht von Bouvines östlich von Lille schlug der französische König Philipp II. August im Juni 1214 vernichtend das englisch-welfische Heer. Zwar sandte der

Sieger den erbeuteten vergoldeten Adler der Kaiserstandarte an Friedrich II., aber für die Folgen der inneren Zerrissenheit Deutschlands ist es bezeichnend, daß seit dieser Zeit der Ruf von der Unbesiegbarkeit der Deutschen zu sinken begann.

Friedrichs Herrschaft in Deutschland aber war dadurch endgültig gefestigt. Am 25. Juli 1215 wurde er in Aachen, *der Hauptstadt des deutschen Königtums, da zuerst in dieser Stadt, die nach Rom alle Städte an Würde und Ehre überragt, die Könige der Römer geweiht wurden* [11], durch den Erzbischof von Mainz nochmals feierlich gekrönt. Sofort nach der Messe vollzog er einen Akt, durch den er, aufrichtig oder berechnend, seine religiöse Bindung bekundete. Völlig unerwartet legte er das Kreuzzugsgelübde ab und forderte alle Würdenträger und Fürsten des Reiches auf, ihm zu folgen. Zweifellos war der überraschende Aufruf von der Absicht mitbestimmt, weithin sichtbar darzutun, daß nicht nur der Papst, sondern auch der deutsche König Statthalter Christi sei. Schon in dem Privileg, das er ein Jahr zuvor dem Orden der Deutschritter erteilt hatte, tritt seine imperiale Missionstheorie hervor:

Zu solchem Zweck hat Gott Unser Reich erhaben über den Königen des Erdrunds errichtet und über der Welt verschiedene Zonen die Grenzen Unserer Macht geweitet, daß auf Mehrung Seines Namens in dieser Welt und auf Verbreitung des Glaubens unter den Völkern Unserer Bemühungen Fürsorge sich richte, da Er zur Predigt des Evangeliums das Römische Reich bestimmt hat: daß Wir also auf Unterdrückung nicht minder als auf Bekehrung der Heidenvölker Unsren Sinn lenken mögen. [12]

Auch wenn man Friedrich II. den ersten aufgeklärten Monarchen genannt hat, darf man nicht außer acht lassen, daß ihn bei aller Freiheit und Kühnheit seines Denkens ein halbes Jahrtausend von der Glaubenslosigkeit der späteren Aufklärung trennt. Von der Überzeugung, daß der Herrscher des Heiligen Römischen Reiches von Gott eingesetzt sei, war er tief durchdrungen. Bezeichnend für ihn ist freilich, daß er religiöse Impulse mit Handlungen von genau berechneter politischer Tragweite zu verbinden verstand. Ketzerei und Aufruhr gegen die Majestät waren für ihn Verbrechen gleicher Art und Schwere. Auffassungen, die der Kirche, welche den alleinigen Gehorsam für sich forderte, so wenig annehmbar waren, wie ihr die eigenmächtige Kreuznahme des Königs, die sie zunächst nicht einmal zur Kenntnis nahm, gefallen konnte.

Auf die Spitze treiben wollte Friedrich die Rivalität mit dem Papst nicht, denn nur aus seiner Hand konnte er die Kaiserkrone empfangen. Auf Drängen von Innozenz III. gab er am 1. Juli 1216 folgende feierliche Erklärung ab, durch die er nach der Kaiserkrö-

Heinrich VI. und Friedrich II. (rechts). Domschatz, Aachen

nung auf Sizilien zugunsten seines Sohnes Heinrich verzichtete:

Dem Heiligsten Vater in Christo, seinem Herrn Innozenz, dem Oberpriester der hochheiligen Römischen Kirche, entbietet Friedrich, durch Gottes Gnade allezeit erhabener König der Römer und König von Sizilien mit kindlicher Unterwürfigkeit schuldigen Gehorsam in allem und Ehrfurcht vor dem Apostolischen Stuhle.

Bestrebt, sowohl der Römischen Kirche als auch dem Königreich Sizilien zu nützen, versprechen und gestehen Wir verbindlich zu, sobald Wir die Kaiserkrone empfangen haben, Unseren Sohn Heinrich, den Wir in Eurem Auftrag zum König krönen ließen, aus der väterlichen Gewalt freizugeben und ihm das Königreich Sizilien ... als Lehen der Römischen Kirche zu überlassen, so wie Wir selbst es von dieser haben, so daß Wir es von da ab nicht mehr innehaben und Uns nicht mehr König von Sizilien nennen werden, sondern nach

Ausschnitt aus der Abbildung S. 22

*Eurem Verlangen jenes Reich im Namen Unseres Sohnes bis zu
seiner Volljährigkeit durch eine würdige Person verwalten lassen,
die in allem der Römischen Kirche, der, wie Uns bekannt ist, allein
die Herrschaft über dieses Reich gebührt, verantwortlich ist. Dadurch
daß Wir durch göttliche Gnade zum Gipfel des Kaisertums berufen
sind, soll nicht die Meinung entstehen, es bestünde irgendwann
irgendeine Verbindung zwischen dem sizilischen Reiche und dem
Kaisertum, so daß Wir Kaiser- und Königreich zugleich innehätten.
Denn dadurch könnte sowohl dem Apostolischen Stuhl wie Unseren
Nachkommen Nachteil erwachsen. Damit aber dieses Unser Versprechen, Unser Zugeständnis und Unser Entschluß die gebührende
Bestätigung erhalte, ließen Wir gegenwärtiges Schreiben mit Unserem Goldsiegel versehen.*[13]

Damit schien die vom Papst stets gefürchtete Verbindung des
Reichs mit Sizilien verhindert. Vierzehn Tage später aber war Innozenz tot, und nun führte Friedrich einen genialen Schachzug: er
ließ, da er ja erst für die Zeit nach der Kaiserkrönung an sein Versprechen gebunden war, seinen fünfjährigen Sohn nach Deutschland
kommen und ihn, den König Siziliens, auf dem Hoftag zu Frankfurt
im Frühjahr 1220 zum deutschen König wählen. Wenn das auch
nicht ohne weitgehende Zugeständnisse an die Fürsten, zumal die
geistlichen, zu erreichen gewesen war – Friedrich hatte sein Ziel,
die Sicherung der staufischen Dynastie, erreicht. Auch ohne staats-
rechtliche Sanktionierung waren die beiden Reiche in e i n e r, praktisch in seiner Hand.

Durch Nachgiebigkeit gegenüber den Fürsten, denen er viele Kronrechte preisgab, ist auch seine innerdeutsche Politik dieser Jahre
gekennzeichnet. Aus späterer Sicht hat man diese scheinbare Passi-
vität gerügt und ihre Folgen verhängnisvoll genannt. In Wirklichkeit erkannte Friedrich mit dem ihm damals noch eigenen Scharf-
blick für das Mögliche (bei dessen Erreichung er dann oft bis zum
Äußersten ging), daß die territoriale Zersplitterung zu weit gediehen
und der Aufbau einer deutschen Zentralgewalt gegen Fürstentum
und Papstkirche unmöglich war. So blieb sein Leitziel die Univer-
salherrschaft, die er nur mit der absolut gesicherten Macht über
Sizilien und das Südreich verwirklichen konnte. Auch von hier aus
wird verständlich, daß ihn manche Historiker, wie erwähnt, mehr
als Italiener denn als Deutschen gelten lassen wollen.

Zu den wichtigsten Regierungsakten, die er in den acht in Deutschland verbrachten Jahren vornahm, gehört die Privilegierung des
Deutschritterordens, den er mit allen Mitteln unterstützte und dessen Großmeister Hermann von Salza ihm zeitlebens als Vertrauter
und Ratgeber verbunden blieb. Neben dem Ritterorden war es der

Mönchsorden der Zisterzienser, den er förderte und mit reichen Geschenken für sich gewann. Im Gegensatz zu den Bettelmönchen, die sich in den Städten wohl fühlten, besaßen die Zisterzienser ausgedehnte Ländereien, hatten eine monarchische Verfassung und meist adlige Mitglieder. So wurde der Orden für den König eine Art geistlicher Hausmacht. In späteren Jahren zog er zisterziensische Laienbrüder zur Bewirtschaftung seiner Domänen in Apulien heran und betraute andere mit der Leitung seiner Schloß- und Kastellbauten.

Mit dem neuen Papst Honorius III. hatte Friedrich es leichter als mit dessen genialem und tatkräftigem Vorgänger. Honorius erkannte

Papst Honorius. Terrakotta-Relief, wahrscheinlich von Benedetto da Maiano (1442–97)

Erzbischof Engelbert von Köln. Siegel, 1225

nicht oder übersah die für die Kurie gefährliche Politik des Königs und beschränkte sich darauf, ihn immer wieder an die Einhaltung des Termins für die Kreuzfahrt zu mahnen. Nicht nur, daß der König wiederholt einen zeitlichen Aufschub erreichte, er machte dem Papst überdies Vorhaltungen wegen dessen angeblicher Versäumnisse. So schrieb er ihm im Januar 1219 von der kaiserlichen Pfalz Hagenau im Elsaß:

Daß Wir Unsere Fahrt bis heute aufgeschoben haben, geschah infolge der Böswilligkeit derer, die, als sie angehalten wurden, das genannte Gelübde zu erfüllen, obwohl sie keine Lust dazu zeigten, Uns mit Worten, ja sogar durch Taten Schaden zufügten, damit Unsere Abreise von Deutschland aufgeschoben würde, da ja durch Hinausschieben, wenn auch nicht vor Gott, so doch vor den Menschen ihre eigene Schlechtigkeit verborgen wird ... Eines auch glauben Wir nicht übergehen zu dürfen, sofern es Eurem Willen nicht zuwiderläuft, daß keiner der Kreuzfahrer von Euch die Erlaubnis zurückzubleiben erhalten soll, ausgenommen allein, wer mit Unserem und der Fürsten Willen an Unserer Statt im Reiche waltet. Dies ist der Weg, auf dem Ihr, Vater und Herr, wenn es Euch genehm ist, wandeln sollt; dies ist der einzige Weg, der einer förderlichen Unterstützung des Heiligen Landes frommen wird ... Dazu kommt noch, daß es Euch auf jede Weise zugeschrieben werden wird, wenn auf Grund Eurer Lässigkeit das, was der Nutzen der Gesamtheit erfordert, versäumt wird ... Es mögen also die Briefe, die Eure Heiligkeit sendet, so abgefaßt sein, daß jeder Fürst, dem sie der Überbringer überreicht, sie lesen und öffentlich verkünden kann. Da aber ... der Zeitpunkt des Hoftages herannaht, so möge die Apostolische Heiligkeit den genannten Boten möglichst rasch abfertigen.[14]

Mit Recht hat ein Historiker unserer Tage bemerkt, daß Friedrich «niemals gewagt hätte, in diesem Tone mit Innozenz zu verkehren»[15].

Am schwersten mußte Honorius von der Niederlage seiner Diplomatie betroffen sein, als Friedrich die Wahl seines Sohnes Heinrich zum Römischen König durchgesetzt und Erzbischof Engelbert von Köln zum Reichsverweser ernannt hatte. Hinsichtlich des letzteren beruhigte Friedrich den Papst mit dem Hinweis, daß er ja während des Kreuzzugs einen Vertreter für seinen unmündigen Sohn haben müsse. Im übrigen benachrichtigte er ihn erst nach einem Vierteljahr von der erfolgten Wahl in einem umfangreichen Schreiben, das mehr für die Staatsklugheit Friedrichs als für seine Redlichkeit in politischen Dingen spricht. Heißt es doch darin:

Und als darüber ... lange von den Fürsten verhandelt worden war und ihre Bemühungen keinerlei Erfolg hatten, weil sie keine Einigung herbeiführen konnten und die Auseinandersetzung so ausuferte, daß wegen Unserer bevorstehenden Abreise noch mehr Unstimmigkeiten und größter Unfriede im Reiche daraus entstanden wären, wählten die anwesenden Fürsten und besonders auch diejenigen, die früher gegen die Erhebung Unseres Sohnes gestimmt hatten, in Unserer Abwesenheit und ohne Unser Wissen ganz unvermutet eben diesen zum König.[16]

UNTERWERFUNG SIZILIENS – ERSTER KONFLIKT MIT DEM PAPST

Im August 1220 brach Friedrich II. vom Lechfeld bei Augsburg nach Rom auf. Am 22. November wurde er in der Peterskirche mit seiner Gemahlin von Honorius III. zum Kaiser gekrönt. Zuvor hatte der Papst die Personalunion zwischen Sizilien und dem Reich anerkannt. Friedrich hatte seinen Verzicht auf eine Realunion der beiden Reiche bestätigt und neben anderen Zugeständnissen an die italienische Geistlichkeit sich verpflichtet, die Kirche bei der Verfolgung der Ketzer auf jede Weise zu unterstützen. Nach dem Hochamt hielt der Kaiser vor dem Dom dem Papst den Steigbügel, bevor er selbst seinen Schimmel bestieg. Die Spannungen zwischen den beiden universalen Mächten schienen gelöst.

Sizilien, die Basis seiner Macht, fand Friedrich nach achtjähriger Abwesenheit in einem Zustand staatlicher Zerrüttung. Die meisten Lehnsträger hatten sich zu selbständigen Herren ihrer Gebiete gemacht, und das gebirgige Innere der Insel beherrschten die Sarazenen. So war für den Kaiser die Wiederherstellung einer straffen Monarchie die vordringlichste Aufgabe, die er sogleich mit ungestümer Energie anpackte. Die Burgen der von ihm abgefallenen Grafen und Barone wurden belagert und gestürmt, strategisch wichtige Kastelle zerstört und neue errichtet. Ebenso gewaltsam waren die juristischen Maßnahmen, die Friedrich bei seiner Rückkehr schon in Süditalien vorsorglich ergriffen hatte. In den sogenannten «Assisen von Capua» hatte er verfügt, daß alle in den letzten 30 Jahren ausgestellten Rechtstitel verfallen seien und neu ausgestellt werden müßten. Dadurch brachte er, oft nicht ohne willkürliche Enteignung der Feudalherren, viele der Krone entzogene Ländereien, Lehen, Zoll- und Steuerregalien wieder in seinen Besitz. Auch die Gerichtsbarkeit wurde den örtlichen Machthabern genommen und königlichen Großhofrichtern und Justitiaren übertragen.

Die Masse der Untertanen, die von ihren bisherigen Herren oft ausgebeutet worden waren, gewann er damit für sich. Nicht ohne Berechnung verbürgte er auch einer Minderheit, den Juden von Trani, besondere Rechte:

Nicht nur auf die Uns untertänigen Christen, sondern auch auf die Angehörigen anderer Glaubensgemeinschaften erstreckt sich die Wirkung Unseres Schutzes, damit, wenn jeder durch den väterlichen Schutz des Kaisers verteidigt wird, sowohl die Angriffe Mißgünstiger vermieden werden als auch die Ruhe des erwünschten Friedens gesichert wird. Daher nahmen Wir in Anerkennung der Ergebenheit und der willkommenen Dienste aller Juden der Stadt

Trani diese und ihre Güter unter Unseren besonderen Schutz. Wir be-
stätigen ihnen und ihren Erben für immer das Privileg, das ihnen
bekanntlich einst der Herr Kaiser, Unser glorreicher Vater, gewährt
hat ... Darüber hinaus gewähren Wir diesen Hebräern auf immer,
daß alle Juden, die, um dort zu wohnen, in die Stadt Trani ziehen
wollen und ein Jahr lang dort geweilt haben, von ihren Einkünften
nicht mehr als den dritten Teil von 38 Goldunzen ... je nach Ver-
mögen zu zahlen brauchen.

Wir wünschen auch und bekräftigen, daß keines Christen Zeugen-
schaft gegen einen Hebräer, wie auch die keines Juden gegen einen
Christen jemals zugelassen werden ...

Wir befehlen ferner, daß die genannten Hebräer außer der be-
sagten Abgabe mit ihrer Person und ihrem Vermögen keinem zu
dienen brauchen und keinem außer der Kirche zu Trani gehorchen
sollen, vorbehaltlich Unseres Befehls und Unserer Anordnung.[17]

Wie der Juden, die sich ihm bald in der Monopolverwaltung als
nützlich erwiesen, wußte er sich auch der Sarazenen zu bedienen.
Nachdem er die Aufständischen in einem langwierigen Feldzug unterworfen hatte, siedelte er sie nach Lucera in Apulien um, wo er
sie ungestört nach ihren Bräuchen und in ihrer islamischen Religion
leben ließ. Sie wurden später zum Kern seines Heeres und zur zu-
verlässigsten, durch kirchlichen Bann nicht zu schreckenden Leibwache. An solche Verfahren mag der Minoritenbruder Salimbene
da Parma gedacht haben, wenn er in seiner Chronik dem Kaiser
die Äußerung zuschrieb, er habe sich gerühmt, niemals ein Schwein
gemästet zu haben, von dem er nicht das Fett genommen.[18]

Von der kühlen Sachlichkeit, mit der Friedrich zumeist vorging,
sticht der grausame Jähzorn ab, der ihn mitunter überfiel. Während
des Sarazenenfeldzugs hatte sich der Emir Ibn-Abbad ergeben und
war mit seinen Söhnen vor dem Kaiser erschienen, um ihn um
Gnade zu bitten. «Der Kaiser aber war, wohl weil sich Ibn-Abbad
an kaiserlichen Boten vergriffen hatte, gegen den rebellischen Emir
aufs höchste erzürnt und so aufgebracht, daß ... er, als Ibn-Abbad
sein Zelt betrat und sich dem Kaiser zu Füßen warf, ihm, kaum
daß er seiner ansichtig wurde, so mit dem Fuß gegen den Leib trat,
daß er mit seinem scharfen Sporn dem Emir die ganze Seite aufriß.
Friedrich ließ Ibn-Abbad aus dem Zelt hinausschaffen und ihn eine
Woche später mit seinen Söhnen als Rebellen aufknüpfen.»[19]

Friedrichs Toleranz gegenüber Andersgläubigen, zumal die Gründung der sarazenischen Militärkolonie in Lucera, mußte die Ent-
rüstung des Papstes hervorrufen, der in einem Brief an den Kaiser
die Sarazenen Söhne des Verderbens nennt und von den gottes-
schänderischen Händen der Ungläubigen spricht. Friedrichs Ant-

Friedrich II. (?) Ehem. Kaiser Friedrich Museum, Berlin

Friedrich II. Profilaufnahme der Büste auf S. 6

wort, mit der er sich Zeit ließ, hat einen ironischen Beiklang und zeugt wieder von seinem diplomatischen Geschick:

Da es aber nun Eurer Heiligkeit gefällt, einige Brüder des Predigerordens zur Bekehrung der Sarazenen auszusenden, so ist es Uns angenehm, wenn diese Prediger kommen und das Wort des Herrn zu verkünden beginnen. Denn Wir haben Uns vorgenommen, in Kürze in jenen Gegenden zu sein, wo Wir, von gleicher Leidenschaft beseelt, den Brüdern wirksam beistehen wollen, damit sie mit Hilfe Gottes in Werk und Wort erfolgreich sind, zumal da viele der Sarazenen mit Unserem Einverständnis zur Kenntnis des Glaubens auf den Ruf des Herrn bekehrt worden sind.[20]

Das Schreiben ist aber noch in anderer Hinsicht bedeutsam, weil es auf die Lehre von den zwei Schwertern anspielt, indem es bemerkt, daß nächst dem Stellvertreter Christi, dem Römischen Priester, der Kaiser auf Grund der ihm übertragenen Würde das weltliche Schwert zur Verteidigung des katholischen Glaubens empfangen habe.

Schon die Normannenkönige hatten die Notwendigkeit erkannt, Sizilien, die Kornkammer Italiens, zu einer starken Seemacht zu machen. Friedrich nahm ihre Politik wieder auf, entzog den fremden Seemächten ihre Stützpunkte und Handelsprivilegien, vertrieb die Genuesen aus Malta und Syrakus und begann mit dem Ausbau einer starken eigenen Kriegs- und Handelsflotte.

Das eindrucksvollste Zeugnis für die Konsequenz, mit der Friedrich auf die monolithische Einheit des Südreichs hinarbeitete, ist die im Frühjahr 1224 erfolgte Gründung der Staatsuniversität Neapel. In der Stiftungsurkunde erklärte er, daß in Neapel Wissenschaften jeder Art gelehrt würden, daß aber die Studien in erster Linie dem Staatswesen zum Nutzen gereichen sollten. Die Heranbildung der zukünftigen Juristen und Verwaltungsbeamten stand also im Vordergrund. Um die Scholaren vom Einfluß der Kirche, besonders aber des freiheitlichen Geistes, wie er namentlich an der berühmten Universität von Bologna gefördert wurde, fernzuhalten, wurde den Untertanen verboten, anderwärts zu studieren: *Alle also, die an irgendeiner Fakultät studieren wollen, sollen zum Studium nach Neapel gehen, und keiner wage, auf eine Schule außerhalb des Königreichs sich zu begeben oder innerhalb des Königreichs an anderen Schulen zu lernen oder zu lehren . . .*[21]

Zu den Widersprüchen, die man zwischen der Mentalität und den effektiven Handlungen Friedrichs oft herausgehoben hat, gehört es, daß er zwischen politischen Absichten und kulturellen Interessen scharf unterschied. In allem, was der Zentralisierung der Staatsmacht diente, ging er als radikaler Gewaltherrscher vor. Zugleich aber verbreitete sich schon damals sein Ruf als freigebiger Freund der Künste und Wissenschaften. Er zog namhafte Gelehrte – Italiener, Spanier, Mohammedaner, Juden – an seinen Hof, erging sich mit ihnen in Diskussionen über alle Gebiete von der Kosmologie, Astronomie und Astrologie bis zur Medizin und Tierkunde und legte dabei nicht nur verblüffende Kenntnisse, sondern auch einen nicht zu stillenden Wissenshunger an den Tag. Als er in Pisa den größten Mathematiker seiner Zeit, Leonardo Fibonacci, kennenlernte, ließ er ihm schwierige mathematische Probleme stellen und veranlaßte ihn, die Antworten in einem Buch zusammenzufassen. Durch Fibonacci ist wahrscheinlich auch der berühmte Philosoph, Astrolog und Magier Michael Scotus an seinen Hof gekommen, den Dante als «Meister des Hexenblendwerks und der Zauberei» im 20. Gesang der

Christus übergibt dem Papst das geistliche, dem Kaiser das weltliche Schwert. Aus dem «Sachsenspiegel», 1. Viertel des 14. Jahrhunderts. Herzog-August-Bibliothek, Wolfenbüttel

Das Castel del Ovo in Neapel. Unter Friedrich II. vollendet

«Göttlichen Komödie» in die 4. Bolge verbannte. Dem schottischen Zeichendeuter hat er eine Reihe von Fragen über die Dinge des Jenseits und Diesseits vorgelegt, die seine hemmungslose Neugier ebenso zeigen wie seinen Hang zu einer gegen die Überlieferung skeptischen, rein vernunftgemäßen naturwissenschaftlichen Anschauung:

Mein teuerster Meister! Oft und mannigfach haben Wir von dem einen oder anderen Fragen und Antworten vernommen betreffs der überirdischen Körper, nämlich Sonne, Mond und Fixsterne des Himmels, und über die Elemente, über die Weltseele, über heidnische und christliche Völker und andere Geschöpfe, die gemeinsam auf und in der Erde sind, wie zum Beispiel Pflanzen und Metalle. Noch niemals aber haben Wir etwas gehört von jenen Geheimnissen, die dem Ergötzen des Geistes zugleich mit der Weisheit dienen, nämlich von Paradies, Fegefeuer und Hölle, von der Grundlage der Erde und ihren Wunderbarkeiten.

Daher bitten Wir Dich ... Du mögest Uns die Grundlage der Erde erklären, nämlich wie hoch ihr fester Bestand über der Raumtiefe steht ... und ob da etwas anderes ist, was die Erde trägt als Luft und Wasser, ob sie etwa auf sich selbst beruht oder auf Himmeln, die unter ihr sind? Wie viele Himmel es gibt, und wer ihre Lenker sind und die in ihnen hauptsächlich ihre Stätte haben? Und wie weit nach wahrem Maße ein Himmel entfernt ist vom anderen, und was dann noch außerhalb des letzten Himmels ist, wenn es doch mehrere sind, und um wieviel größer ein Himmel ist als der andere? In welchem Himmel Gott seinem Wesen nach ist, das heißt in seiner göttlichen Majestät, und wie er auf dem Himmelsthrone sitzt, wie

Die Doktordiplome der Universität Neapel tragen als Stempel die Nachbildung eines Siegels Friedrichs II.

er umringt ist von Engeln und von Heiligen, und was die Engel und Heiligen tun beständig im Angesicht Gottes? Ferner sag Uns ... wo denn die Hölle sei und das Fegefeuer und das himmlische Paradies: unter der Erde, in der Erde oder über der Erde? Und wieviel Höllenstrafen gibt es?

Sag Uns weiter, welches das Maß ist dieses Erdkörpers in Dicke und Länge und wie weit es ist von der Erde bis zum höchsten Himmel und von der Erde bis in die Tiefe ... Ferner sag Uns, wie es kommt, daß die Wasser des Meeres so bitter sind und daß es an vielen Stellen Salzwasser, an anderen aber Süßwasser fern vom Meere gibt, da doch alle Wasser aus dem lebendigen Meere hervorgehen ...

Wir möchten auch wissen, wie es mit jenem Winde steht, der von vielen Gegenden des Erdkreises ausgeht, und mit dem Feuer, das aus der Erde hervorbricht, sowohl in der Ebene wie im Gebirge, ebenso auch, wie es mit dem Dampfe steht, der bald hier, bald dort erscheint; von wo er gespeist wird und welche Kraft es ist, die ihn emportreibt, wie in manchen Gegenden Siziliens und bei Messina ersichtlich ist, zum Beispiel am Ätna, Vesuv, bei Lipari und Stromboli.[22]

Daß hier eine bohrende Intelligenz die Grundlagen der mittelalterlichen Weltanschauung, von der sie zwar ausgeht, in Frage stellt, ist von den Zeitgenossen nicht selten tadelnd bemerkt worden. Hinter einer Frage wie der nach der Tätigkeit der Engel kann man zum mindesten einen Anflug skeptischer Ironie schwer überhören. Der Mönch Salimbene da Parma, den wir bereits erwähnt haben, nennt denn auch den Kaiser einen Epikureer, da er aus der Heiligen Schrift alle Beweise dafür sammle, daß es kein Leben nach dem Tode gebe.[23] Und als Epikureer hat ihn auch Dante trotz seiner Bewunderung für den Ghibellinenkaiser in die glühenden Särge der Ketzer verwiesen.

Honorius III. hatte in den letzten Jahren nicht aufgehört, Friedrich II. mahnend an sein Versprechen einer Kreuzfahrt zu erinnern. Aber dieser verstand es, durch geschickte Diplomatie von dem nachgiebigen greisen Papst immer wieder Aufschub zu erwirken. So machte er zum Beispiel geltend, daß er ja auf der Insel genauso wie im Heiligen Land gegen Sarazenen Krieg führe. Immerhin sicherte er bei einer persönlichen Zusammenkunft zu, im Juni 1225 zum Kreuzzug aufzubrechen. Zugleich versprach der seit 1222 verwitwete Kaiser, die damals dreizehnjährige Isabella, die als Tochter Jean de Briennes die rechtmäßige Erbin des Königreichs Jerusalem war, zu heiraten. Der Papst konnte hoffen, dadurch Friedrichs Interesse an der Wiedergewinnung des Heiligen Landes zu verstärken – ein Motiv, das Friedrich in einem Brief vom 5. März 1224 sofort aufgriff

Engel von der Kathedrale in Chartres. 13. Jahrhundert

und in seinem Sinne zu verwenden wußte:

Auf Euren Ratschlag, auf den nachdrücklichen Wunsch Eurer väterlichen Ermahnung, sowie auch auf den Rat und den Wunsch Eurer ehrwürdigen Brüder, der Kardinäle, sowohl jedes einzelnen wie der Gesamtheit von ihnen, haben Wir gelobt, die Tochter des erlauchten Königs von Jerusalem, die Erbherrin jenes Landes, nach der Brautwerbung der hochheiligen Römischen Kirche sowie Eurer selbst als Brautführer, zur Gemahlin zu nehmen, um das noch un-

vollständige Werk, die Befreiung des Heiligen Landes, besser durchführen zu können.

Danach glauben Wir, das Werk mit Hilfe des Ehebandes durchführen zu können, so wie die Unternehmung und der Ehebund wegen der Notwendigkeit des Unternehmens untrennbar verbunden sind. Auf die Mitgift aber von Seiten der Kirche, Eure nämlich und Eurer Brüder unentwegte und beständige Hilfe, die Uns in der Sache des Heiligen Landes öffentlich vor allen Anwesenden versprochen worden ist, meinen Wir nicht verzichten zu können, da wir sie geradezu für unentbehrlich und erwünscht halten. Wir erwarten in Euch gleichsam den höchsten Vermittler und Helfer dabei zu finden, wie Ihr durch das Gelöbnis gebunden seid und wie es die Würde des Apostolischen Stuhles von Euch erheischt und fordert.

Es wird also die Pflicht Eurer Heiligkeit sein, nach Deutschland, Ungarn und in die angrenzenden Länder sowie auch nach Frankreich, England und in die übrigen Reiche genügend viele und befähigte Personen zu entsenden, die mit der Vollmacht der Sündenvergebung und Ablaßerteilung versehen sind ... Ihr möget auch geruhen, einen eigenen Legaten zu ernennen zur Herstellung des Friedens zwischen den Königen von England und Frankreich sowie auch zu dessen Sicherung, auf daß sich die eifrigen Prediger der Reiche in angemessener Sicherheit an den Dienst Gottes begeben können.

Geruht also, in dieser Art auf alle Einzelheiten der Kreuzfahrt zu achten, was infolge der Müßigkeit und einer gewissen üblichen Nachlässigkeit bisher nicht geschehen ist, während Wir, was Uns betrifft, Himmel und Erde zum Zeugen dafür anrufen können, daß Wir angestrengt und wirksam bestrebt sind, das große Unternehmen durchzuführen.[24]

Die Eheschließung fand am 5. November 1225 in Brindisi statt. Bereits vier Jahre später starb Isabella nach der Geburt ihres zweiten Kindes, des Sohnes Konrad. Friedrich hatte ihr bald nach der Hochzeit das Schloß Terracina bei Salerno als Aufenthalt angewiesen, wo sie, nach orientalischer Sitte von Ennuchen bewacht, in strenger Abgeschiedenheit – ein Chronist spricht geradezu von Einkerkerung – leben mußte.

Das Verhältnis zwischen Kaiser und Kurie verschlechterte sich erneut, als Friedrich für sich das Recht der Bischofswahlen in Sizilien forderte. Wenn er sich auch damit nicht durchsetzen konnte, so erlangte er einen erneuten Aufschub des Termins für die Kreuzfahrt im Vertrag von San Germano, in dem er sich feierlich verpflichtete, bis spätestens zum August 1227 das Gelübde zu erfüllen. Zuvor aber wollte er das lombardische Problem (an dem die seit

38

Relief an der Kanzeltreppe der Kathedrale in Bitonto (Apulien). Von Magister Nicolaus, 1229. Von links nach rechts: Friedrich II. mit dem Lilienzepter, seine Frau Isabella von Jerusalem und zwei Söhne. Ganz rechts: König Heinrich (aus Friedrichs erster Ehe mit Konstanze von Aragonien)

Barbarossa betriebene Stauferpolitik letztlich scheitern sollte) lösen. Es war für ihn nicht nur eine Prestigefrage. Die Verbindung zwischen Deutschland und Süditalien war für das Imperium eine unbedingte Notwendigkeit, so daß er die Existenz ihm feindlich gesinnter freier, zudem reicher oberitalienischer Stadtrepubliken nicht hinnehmen konnte. So berief er unter dem Vorwand der Ketzerbekämpfung und der Vorbereitung zum Kreuzzug auf Ostern 1226 einen Hoftag nach Cremona, das mit wenigen anderen Städten auf seiner Seite stand. Beim Anmarsch brüskierte er die Kurie, indem er ohne deren Genehmigung durch die zum Kirchenstaat gehörende Mark Ancona und das Herzogtum Spoleto zog.

Der Hoftag kam nicht zustande, weil sich die kaiserfeindlichen Städte unter Führung Mailands wieder zum lombardischen Bund zusammengeschlossen hatten und den deutschen Fürsten und Bischöfen die Brennerstraße sperrten. Der Kaiser belegte sie mit der Reichsacht, nachdem seine Versuche, sie zur Nachgiebigkeit zu bewegen, gescheitert waren. Nach langen Verhandlungen kam es schließlich zu einem Ausgleich durch Papst Honorius, der auf keinen Fall den Kreuzzug gefährden wollte. Friedrich widerrief die Achterklärung, und die Lombarden versprachen, freilich ohne sich später daran zu halten, dem Kaiser zwei Jahre lang 400 Ritter auf ihre Kosten für den Zug ins Heilige Land zu stellen. Daß die Kirche damals wie später insgeheim die lombardischen Rebellen unterstützte, war in dem fundamentalen Gegensatz zur kaiserlichen Politik begründet, deren Ziel sich ja zugleich auf eine Umklammerung des Kirchenstaats richtete oder doch darauf hinauslief.

Bald darauf, im März 1227, starb Honorius III. Sein Nachfolger Hugo von Ostia, als Kardinal der schwärmerischen Frömmigkeit des ihm auch persönlich verbundenen Franz von Assisi zugetan, zeigte sich bald als entschiedener Realpolitiker, der in dem von ihm früher geschätzten Friedrich II. den gefährlichsten Gegner der Kirche erkannte, ja, den Antichristen in ihm witterte. Unter seinen Vorgängern war Gregor VII. der kaiserfeindlichste Papst gewesen. Daß er nun den Namen Gregor IX. wählte, war von schicksalhafter Vorbedeutung.

DER KREUZZUG DES GEBANNTEN

Der Anlaß zum Bruch zwischen den beiden Universalmächten stellte sich bald ein. In Brindisi, wo sich eine unübersehbare Menge von Kreuzfahrern und Pilgern versammelt hatte, brach in der August-

*Papst Gregor IX. Wandbild in Subiaco (Ausschnitt)
13. Jahrhundert. Subiaco, Kloster Sacro Speco*

hitze eine furchtbare Seuche aus, die Tausende dahinraffte; unter den Opfern war auch der Landgraf Ludwig IV. von Thüringen. Auch der Kaiser erkrankte schwer und zog sich zur Heilung in die Bäder von Pozzuoli bei Neapel zurück. Der Papst erklärte, die Erkrankung sei vorgetäuscht, weigerte sich, die Boten des Kaisers zu empfangen, stellte fest, daß Friedrich sein Versprechen nicht gehalten habe und verhängte am 29. September 1227 in der Kirche von Anagni den Bann über ihn. Formal war Gregor IX. im Recht. Daß es ihm aber um demütigende Unterwerfung des Kaisers zu tun war, zeigte sich, als er dessen Bereitschaft, Kirchenbuße zu leisten und im Frühjahr das Versäumte nachzuholen, ablehnte und die Verkündung der Ex-kommunikation wiederholte.

In einem sehr abgewogenen, ausführlichen Schreiben an alle christlichen Könige und Fürsten versuchte der Kaiser sich zu recht-fertigen:

In heftige Verwunderung werden Wir gestürzt, weil Wir von dort, woher Wir Dank für viele Wohltaten erwarteten, verschiedene Ar-ten von Beleidigung wie auch von Schimpf erfuhren. Ungern re-den Wir, aber Wir konnten nicht schweigen, damit nicht durch das, was Wir lange verschwiegen haben, die Hoffnung, die viele täuscht, etwa auch Uns täusche ... Wir sind es, zu denen das Ende der Zei-ten gekommen ist, da die Menschenliebe nicht nur in den Zweigen, sondern auch in den Wurzeln zu erkalten scheint ... Wenn sich nämlich ein Feind gegen Uns erhöbe, wenn ein Verfolger der Kirche, wenn ein Gegner des Glaubens die Unserer Herrschaft untergebenen Völker zum Haß gegen Uns aufreizte, so würden Wir die Waffen der Verteidigung ergreifen und das Schwert, dessen Gewalt Uns vom Herrn zum Schutze des Glaubens und der Freiheit der Kirche zuer-teilt worden ist, zücken und begännen mit allen Kräften die Kämpfe des Herrn auszufechten.

Da nun aber jener Vater der gesamten Menschheit, der Stellver-treter Christi und Nachfolger des heiligen Petrus, auf den Wir Un-sere Hoffnung und Unser Vertrauen gesetzt haben, gegen Unsere Person unwürdig und hart vorgeht und durchaus gewillt zu sein scheint, Haß gegen Uns zu schüren, wer wird da nicht erschüttert und verwirrt, daß ein so heftiger Krieg gegen Unsere Unschuld ge-führt wird, dem entgegenzutreten Uns gegen Unseren Willen nur die drängende Not zwingt, da Wir glauben, daß man dem heiligen Petrus, wie ihm der Herr die Gewalt zu binden und zu lösen auf Erden übertrug, auch demütig Ehrfurcht erweisen muß?

Wir bitten also Eure Gesamtheit, Ihr möget Euch inzwischen rü-sten, um zur geeigneten Zeit zu kommen, damit Wir Mitte des kom-menden Monats Mai mit mächtiger Hand und erhobenem Arme hin-überfahren. Seid alle ohne jeden Zweifel gewiß, daß Wir für die Überfahrt und alles andere freigebigst sorgen werden! ... Wir ver-trauen auch auf den Bringer des Heils, daß der höchste Priester, ein-gedenk Unserer Ergebenheit und der Not des Heiligen Landes, nicht erlauben wird, daß dem ergebenen Sohne das gewohnte Opfer und die Liebe der mütterlichen Kirche noch länger vorenthalten wird, da Wir ihn, bevor er zu seiner hohen Würde berufen wurde, auf-richtig geliebt haben.[25]

Gregor IX. tat inzwischen alles, um die aufgerissene Kluft zu vertiefen. Er schloß mit der lombardischen Liga ein Bündnis, entband die kaiserlichen Untertanen von ihrer Treuepflicht und drohte mit der Einziehung und Besetzung des Lehens Sizilien, wenn der Gebannte abreisen sollte. Diesmal ging Friedrich zum Angriff auf die Person des Papstes über:

Während Wir Uns höchlichst anstrengten und von der Römischen Kirche jeden Rat erhofften, nahmen Wir wahr, daß der, den Wir als Leiter und Lenker zu haben glaubten, sich unerwartet als ein Gegner dieses Unseres Vorhabens erwiesen hat, so sehr, daß er ungerecht gegen Uns vorgehend den Bannspruch über Uns ausgesprochen hat und sich offen Unseren Versprechen und Gelübden, auf denen Wir im Dienst des Heiligen Landes bestehen, nicht in gerechtem Eifer, sondern von Willkür getrieben, widersetzt ... Außerdem hält dieser Römische Priester von dem Gelde, das er den im Dienste Christi Ausfahrenden zahlen soll, Söldner gegen Uns, um Uns auf alle mögliche Weise zu schaden. Obgleich aber dieser Römische Oberpriester sich durch dies alles Unseren Wünschen entgegenstellt und auf unverschämte Weise versucht, Unsere Sanftmut zu reizen, so hielt er Uns dennoch keineswegs vom Dienste Christi zurück.

Denn erfahret mit Gewißheit, daß Wir Uns bereits mit Unseren Galeeren und Fahrzeugen, einem rüstigen Gefolge von Rittern und einer Menge Kämpfer von Brundisium nach Syrien gewandt haben und eilends unter glückhaftem Wind mit Christus, dem Führer, reisen!

Deshalb bitten und ermahnen Wir Euch im Vertrauen auf Eure Treue inständig, zu Unserer Unterstützung und zum Dienste des Heiligen Landes nach allen Euren Kräften und Möglichkeiten bereit zu sein und es nicht leicht zu nehmen, daß der höchste Priester in alldem Uns ungerecht und unwürdig herausfordert, während er doch vielmehr in väterlichem Mitgefühl Unsere Anstrengungen fördern sollte.[26]

Daß er ein ungeheures Wagnis einging, als er unter diesen Umständen dem Abendland den Rücken kehrte, dessen war sich der Kaiser zweifellos bewußt. Aber er hatte keine Wahl: er mußte den Papst ins Unrecht setzen, wenn er nicht dessen Anklagen recht geben wollte. Auf einen militärischen Sieg konnte er bei der Schwäche seiner Truppen nicht hoffen. So vertraute er auf seine diplomatischen Künste. Für eine Verständigung mit dem ägyptischen Sultan Al-Kamil hatte er durch Vorverhandlungen eine günstige Ausgangsposition geschaffen. Dabei kam ihm seine Beherrschung der arabischen Sprache zugute, seine auch im Orient bekannte Liebe zur islamischen Kultur, Wissenschaft und Philosophie und seine Feindschaft mit dem Papst. Als er in Akkon landete, wurde er vom Klerus – zwar mit Distanz – begrüßt, aber die Haltung der meisten Geistlichen änderte

sich, als bald darauf eine Botschaft des Papstes eintraf, die den Gläubigen jeden Kontakt mit dem Gebannten verbot. Als dann noch die Verhandlungen mit dem Sultan, dessen anfangs umstrittene Herrschaft sich gefestigt hatte, ins Stocken gerieten, als Friedrich ferner erfuhr, daß der Papst seine Truppen, die «Schlüsselsoldaten», in Sizilien hatte einrücken lassen und das Gerücht verbreitete, der Kaiser sei tot, schien seine Lage aussichtslos. Später äußerte er, er habe damals vor Zorn und Schmerz geweint und an Rückkehr gedacht, *doch meinen zehrenden Schmerz eilig hinter heiterer Miene verbergend, damit nicht die Feinde, wenn sie solches erführen, jubelnd triumphierten, fing Ich an, über Frieden und Vertrag zu verhandeln und beschleunigte die Heimkehr* [27].

Die Verhandlungen mit dem Gesandten des Sultans, dem ritterlichen und hochgebildeten Emir Fahr ed-Din, der dem Kaiser in freundschaftlicher Bewunderung zugetan war, gingen offenbar in der Art vertraulicher Gespräche vor sich. Friedrich setzte dabei die

Einschiffung zu einem Kreuzzug. Miniatur. Louvre, Paris

bestrickende Liebenswürdigkeit, die ihm zu Gebote stand, ein, dazu sein überlegenes Wissen, seine dialektischen Kunstgriffe und seine ungeheuchelte Sympathie für die Muslims. Als die Rede einmal auf die Erbfolge der Kalifen kam, die ihre Herrschaft in ununterbrochener Folge auf Mohammed zurückführten, sagte der Kaiser: *Das ist ausgezeichnet und viel besser als bei diesen einfältigen Franken, die irgendeinen Mann zu ihrem Herrn machen, der keinerlei Verwandtschaft mit dem Messias nachweisen kann und aus dem sie eine Art von Kalifen machen, um sich mit ihm zu brüsten. Ein solcher Mann hat keinerlei Recht, sich einen ähnlichen Rang anzumaßen, während Euer Kalif alles Recht dazu hat.*[28] Am 18. Februar 1229 kam dann der Vertrag zustande, in dem Jerusalem und andere christliche Andachtsstätten sowie ihre Verbindung zur Küste an Friedrich II. zurückgegeben wurden mit Ausnahme des für die Mohammedaner heiligen Bezirks und der Moschee in Jerusalem. Gleichzeitig wurde ein zehnjähriger Waffenstillstand vereinbart.

Während viele Kreuzfahrer, zumal die deutschen, jubelten, ließ der Papst, für den schon das Verhandeln mit Ungläubigen ein Sakrileg bedeutete, durch den Patriarchen Gerold von Jerusalem die Stadt mit dem Interdikt belegen und den Pilgern das Betreten der heiligen Stätten verbieten. Friedrich aber richtete ein Manifest an die ganze christliche Welt:

Frohlocken und jubeln mögen alle im Herrn, rühmen mögen ihn die Aufrichtigen im Herzen, der, daß er kund tue seine Macht, nicht immer mit Pferden oder Wagen prangt. Jetzt gab er sich Ruhm in der kleinen Zahl der Männer, auf daß alle erkennen und begreifen, wie Er ruhmvoll ist in Majestät, furchtbar in Herrlichkeit, erstaunlich in Plänen über den Menschensöhnen, nach seinem Willen die Zeiten wandelnd und getrennter Völker Herzen zum Einen wendend; da in diesen wenigen Tagen, durch Wunderkraft mehr als durch Tapferkeit, jenes Werk vollbracht ist, das seit langen, rückliegenden Zeiten viele Fürsten und mancherlei Gewaltige der Erde weder durch die Menge der Völker noch durch allergrößte Kräfte bisher zu leisten vermochten ... Denn der allmächtige Herr hat aus der besonderen Huld seiner Milde unter den Erdenfürsten Uns wunderbar erhöht, damit es so, während Wir Uns dem Siegesjubel über diese große Würde hingeben, die nach dem Rechte des Königtums Uns gebührt, mehr und mehr offenkundig aller Welt aufgehe, die Hand des Herrn habe dies alles getan. Und weil seine Werke im Erbarmen über allem bestehen, so sollen die Verehrer des rechten Glaubens von nun an erkennen und weit und breit auf dem Erdenrund verkünden, daß jener, der gebenedeit ist in Ewigkeit, Uns heimgesucht hat und Erlösung geschaffen hat für sein Volk, und Uns errichtet hat ein Horn des Heils im Hause Davids.[29]

Schon dieser kurze Auszug aus dem vielfach umfangreicheren, von pomphaftem Pathos getragenen Manifest läßt das propagandistische Raffinement erkennen, mit dem der leidenschaftliche Stolz des Staufers sich hinter der Preisung Gottes, dem in Wahrheit die Erfolge zu verdanken seien, zu verdecken weiß. Wenige Tage später, am 18. März, fand in der Grabeskirche von Jerusalem ein großer Dankgottesdienst statt, an dem der Kaiser in berechneter Rücksicht auf die Kurie nicht teilnahm. Erst danach betrat er die Kirche, schritt auf den Altar zu, ergriff die Königskrone von Jerusalem und setzte sie sich selber aufs Haupt, auf diese Weise als Nachfolger Davids die Gottesunmittelbarkeit seines Königtums demonstrierend. Damit war der Keim zu dem eschatologischen Mythos vom «Endkaiser» gelegt, in dem die einen den Messias, die anderen den Antichristen zu sehen glaubten. Auch die ersten Züge orientalischen Despotentums, die sich später bei Friedrich II. zunehmend, so in dem Gebot der Prosky-

46

nese, des kniefälligen Fußkusses, ausprägten, zeigten sich seit dieser Zeit.

Sollte der Kaiser geglaubt haben, nun als Befreier Jerusalems vom Bann gelöst zu werden, so hatte er sich über die Unversöhnlichkeit des Papstes getäuscht, der heftiger als je gegen den «Piraten» wütete. Sicher hatte er die Hand im Spiel, als die Templer dem Sultan einen Wink gaben, wie er den Kaiser fangen und töten könnte. Zur Beschämung der Christen schickte der Sultan das aus niedriger Gesinnung diktierte verräterische Schreiben mit kostbaren Geschenken, unter denen ein Elefant war, dem Kaiser zu.

Die Ritterlichkeit, die ihm die Muslims auch sonst bewiesen, beantwortete Friedrich mit Beweisen einer religiösen Toleranz, die ihm den Vorwurf der Häresie, ja die Verdächtigung eintrugen, er sei zum Glauben Mohammeds übergetreten. Als er eines Nachts bemerkte, daß der Muezzin beim Gebetsruf die gegen das christliche Dogma vom Gottessohn Jesus gerichteten Verse ausließ, befahl er am nächsten Tag den Kadi zu sich, der ihm gestand, die Unterlassung sei auf Befehl des Sultans und mit Rücksicht auf den Kaiser erfolgt. Worauf dieser ihm antwortete: *O Kadi, wisse, daß ihr unrecht habt, wenn ihr Meinetwegen eure Gebräuche ändert und die Beachtung eurer Gesetze und eurer Religion vernachlässigt! Wenn ihr bei Mir, in Meinen Landen wärt, würdet ihr sehen, daß die Muslims sie dort beachten.*[30]

Schon während der für ihn kritischsten Phase des Kreuzzugs hatte sich Friedrich viel mit arabischen Gelehrten über Fragen der Logik und Mathematik, der Physik und Metaphysik unterhalten. So verlangte er – neben vielem anderen – etwa zu wissen, warum Ruder und andere gerade Gegenstände, in klares Wasser getaucht, gekrümmt erscheinen. Und in einer theologischen Diskussion mit Ibn Sabin, der den Beinamen «Polarstern der Religion» trug, forderte er Beweise für die Unsterblichkeit der Seele und fügte zweifelnd hinzu, wenn sie überhaupt unsterblich sei – eine Äußerung, die ihn als furchtbaren Gotteslästerer in Verruf bringen sollte. Die überlegene Freiheit seines Denkens kann kaum besser charakterisiert werden, als es später Gregor IX. in einer Enzyklika tat, in der es heißt: «Dieser König der Pestilenz hat nach seinen eigenen Worten erklärt . . . der Mensch solle nichts glauben, was nicht durch die Natur und die Vernunft bewiesen werden könne.»[31] Wenn der Papst ihn in dem gleichen Rundschreiben anklagt, er habe die Lehre von der Jungfrauengeburt geleugnet und töricht genannt und geschrieben, die Welt sei von drei Betrügern: Moses, Christus und Mohammed irregeführt worden, so wird man Friedrich die Ablehnung des Dogmas von der unbefleckten Empfängnis ohne weiteres zutrauen, während das ominöse und platte Wort von den «tribus impostoribus», über das viel gelehrte Tinte vergossen worden ist, weder nachweisbar von dem Kaiser stammt noch bei seiner Klugheit ihm glaubhaft anzulasten ist.

Die verleumderische Aktivität des Papstes, der erfahren haben mochte, daß sich unter den Geschenken des Sultans an Friedrich auch sarazenische Tänzerinnen befanden, ging so weit, daß unter den Pilgern das Gerücht entstand, der Kaiser habe die Tochter des Sultans und fünfzig Sarazeninnen geheiratet. Tatsache ist, daß er aus der Verbindung mit einer Orientalin einen natürlichen Sohn, Friedrich von Antiochien, hatte. Harems hatten schon seine normannischen Vorfahren unterhalten. Von ihm selbst aber weiß man erst aus späterer Zeit, daß er in seinem Gefolge Frauen in verschleierten Sänften, von Eunuchen bewacht, mit sich führte.

Seine früh geweckte Vorliebe für den Orient, die Faszination durch den traumhaften Prunk und die spirituelle Weite, die er im Morgenland erfahren hatte, hielten zeitlebens vor. Das goldene Planetarium, ein Geschenk des Sultans von Damaskus, pflegte er das Liebste zu nennen, was er außer seinem Sohn Konrad besitze. Auch die Verbindung mit den arabischen Gelehrten riß nicht ab. Indessen drängten ihn die Nachrichten aus Italien zur beschleunigten Rückkehr. Als er sich in Akkon einschiffte, wurde er von dem von den Geistlichen aufgehetzten Pöbel mit Kot beworfen. «Mit einem Fluch auf den Lippen verließ der Kaiser das Heilige Land.»[32]

DER GESETZGEBER

Von Brindisi aus begab er sich sofort nach Barletta, rief seine Anhänger zu den Fahnen und sammelte rasch ein Heer. Die meisten der Städte, die unter dem Eindruck der vom Papst verbreiteten Todesnachricht von ihm abgefallen waren, schlossen sich ihm überraschend schnell wieder an. Gegen die wenigen Abtrünnigen ging er mit ungeheurer Grausamkeit vor. Die Einzelheiten seiner Racheaktionen wird man nur mit Schaudern lesen können und als abscheuliche Greuel verurteilen. Beurteilen allerdings kann man sie erst, wenn man weiß, wie gering in jener Zeit das Gefühl für körperliche Gewaltanwendung war und wie allgemein die dumpfe Gleichgültigkeit gegenüber jeder Art von Gewalttätigkeit, zumindest wenn sie einen nicht selbst betraf. Daß Friedrich nicht von Natur aus grausam war und im politisch unerheblichen Einzelfall keine Rachsucht zeigte, beweist eine, in der Chronik des Johannes von Winter-

48

thur erzählte Episode, die an die kühle Überlegenheit seines preußischen Namensvetters aus einem späteren Jahrhundert erinnert: Ein Minoritenbruder hatte den Kaiser vor versammeltem Volk mit lauter Stimme einen Ketzer genannt, worauf dieser sagte: *Der Mensch will durch mich zum Märtyrer werden; aber sein sehnliches Begehren soll durch mich gewiß nicht gestillt werden*, und sein Gefolge anwies, den Frevler ungeschoren zu lassen.

In unwahrscheinlich kurzer Zeit hatte Friedrich das päpstliche Heer vertrieben und sein Reich zurückgewonnen. Niemand hätte sich ihm mit Aussicht auf Erfolg entgegenstellen können, wenn er weiter nordwärts nach Mittelitalien vorgedrungen wäre. Aber an der Grenze des Kirchenstaates machte er halt, löste sein Heer auf und bot dem Papst Friedensverhandlungen an, die sich durch dessen Halsstarrigkeit jedoch fast ein Jahr lang hinzogen. Die Geduld und Langmut, die der Kaiser in dieser Zeit bewies, die Zeichen von Nachgiebigkeit, die er – der Sieger – gab: sie kamen gewiß nicht aus einem Gefühl der Schwäche, sondern aus der nüchternen Überlegung, daß er dadurch den Papst ins Unrecht setzte, statt ihn zum Märtyrer zu machen. Der Grund für den Bann, der verspätete Aufbruch zum Kreuzzug, war ja längst hinfällig geworden, aber die Lossprechung mußte für Gregor das Eingeständnis seines ungerechtfertigten Verhaltens bedeuten. Neben solchen Erwägungen sprach beim Kaiser zweifellos die tief in ihm verwurzelte Anschauung von der notwendigen Einheit der beiden Universalmächte mit, in der er die gottgewollte Ordnung der Welt verbürgt sah. In dieser Hinsicht war er durchaus ein mittelalterlicher Mensch.

Nach langen Verhandlungen zwischen dem Hochmeister des Deutschen Ordens Hermann von Salza, der gleichfalls immer auf die Eintracht zwischen Kirche und Reich bedacht war, und dem Kardinal Thomas von Capua kam es dann endlich zum Friedensschluß von San Germano und Ceprano. Der Kaiser suchte den Papst in dessen Elternhaus in Anagni auf, beide saßen miteinander bei Tisch, und für Gregor IX. war der «Schüler Mohammeds» nun wieder der «geliebte Sohn der Kirche». Anfang September unterrichtete der Kaiser die Fürsten der Erde von dem wiederhergestellten Frieden:

Nachdem Euer Herz oft und lange bestürzt worden ist durch das, was bald durch Apostolische Schreiben, bald durch Unsere Briefe über die allgemeine Verwirrung in der Welt gemeldet worden war, ist es billig und recht, daß Euch die Neuigkeiten von dem erfolgten Friedensschluß erfreuen und alle Unruhe, die Euch ergriffen haben mag, beruhigt werde.

Wisset denn, daß durch die Gnade dessen, der den Sturm zum

Nordportal von San Leonardo bei Siponto. Ehem. Deutschordenskomturei. Begründet von Hermann von Salza, um 1180–1200

linden Hauch wandelt und die Gemüter der Streitenden zu Einem Willen verbindet, Wir am 28. Tage des vergangenen Monats August öffentlich und feierlich, wie es einem katholischen Fürsten geziemt, weil es das Gesetz der Kirche erforderte, durch die ehrwürdigen Gesandten des Apostolischen Stuhles ... in Gegenwart der Fürsten und einer unendlichen Menge verschiedener Völker zum allgemeinen Jubel der gesamten Christenheit feierlich losgesprochen worden sind. Darauf begaben Wir Uns, damit auf die Absolution in persönlicher

*Gegenwart aller die Heiterkeit der Gemüter um so erfreulicher folge,
am 1. September zum Apostolischen Stuhle und nahten Uns dem
heiligsten Vater, dem höchsten Priester durch Gottes Gnade, dem
Herrn Gregor ehrerbietig. Er, der Uns mit väterlicher Liebe aufnahm,
eröffnete Uns, nachdem Wir den Frieden der Herzen durch feierliche
Küsse besiegelt hatten, seine Vorsätze so wohlwollend und so gütig,
wobei er nichts von dem, was vorausgegangen war, ausließ und die
Einzelheiten auf so vernünftige Weise besprach, daß, obwohl Uns der
vorangegangene Prozeß erschüttert hatte und manchen Grimm ver-
ursacht haben mochte, das Wohlwollen, das Wir in ihm fühlten, jede Erregung begütigte und Unseren Willen von jedem Groll rei-
nigte und so erheiterte, daß Wir hinfort nicht mehr an das Ver-
gangene denken wollen, das die Umstände herbeigeführt hatten,
damit das Gute, das aus dem Unvermeidlichen hervorgegangen ist,
nun um so größeres Wohlgefallen bewirke.[33]*

Der Friedensschluß, zu dem sich der Papst – nach allem Voran-
gegangenen begreiflicherweise – nur schwer verstanden hatte, verlangte auch vom Kaiser bedeutende Zugeständnisse: neben einer allgemeinen Amnestie für alle Anhänger des Papstes mußte er den
sizilischen Klerus von Steuern und der weltlichen Gerichtsbarkeit
befreien und auf jede Mitwirkung bei der Bischofswahl verzichten.
Das kam einem zweiten Canossa bedenklich nahe. Aber wie man
darüber streiten kann und gestritten hat, ob bei Canossa Gregor VII.
oder Heinrich IV. der eigentliche Gewinner war, so hatte auch hier
der Kaiser das für ihn Wichtigste erreicht: zu dem moralischen Gewinn, den ihm die Lossprechung im ganzen Abendland einbrachte,
kam, daß er sich nun seinem nächsten Ziel, dem weiteren Ausbau
seiner Macht in Sizilien, unbehindert widmen konnte.

Es waren diesmal keine militärischen Aufgaben, die ihn erwarteten; vielmehr ging es ihm darum, die Befriedung im Äußeren durch
eine innere Ordnung zu sichern und zu festigen. Bereits im August
1231 verkündete er die «Konstitutionen von Melfi», eine groß ange-
legte Kodifikation des Staats- und Verwaltungsrechts, «sein ureigen-
stes und größtes Werk»[34], auch wenn viele Juristen, insbesondere
der Großhofrichter Peter von Vinea, daran mitgewirkt hatten. In
prunkvoller Sprache von überweltlicher Feierlichkeit proklamiert die
Einleitung Pflicht und Recht des Herrschers, Richter über Tod und
Leben zu sein, um die durch den Sündenfall gestörte Ordnung auf
Erden wiederherzustellen und das Chaos zu bändigen:

*Kaiser Friedrich der Zweite, der Römer immer erhabener Caesar,
der König Italiens, Siziliens, Jerusalems, des Arelats, glückhafter
Sieger und Triumphator:*

Nachdem das Weltgefüge durch die göttliche Vorsehung geformt

Die Erschaffung Evas. Aus einem französischen Psalter. Anfang 13. Jahrhundert. Bibliothèque de l'Arsenal, Paris

und der uranfängliche Stoff mit der Aufgabe, die bessere Natur zu verwirklichen, auf die Urbilder der Dinge verteilt war, beschloß Er, der was zu tun war, vorausgesehen hatte, im Anblick seiner Werke und befriedigt von deren Anblick, von der Sphäre des Mondkreises hinab den Menschen als der Kreaturen würdigste Kreatur, nach dem eigenen Gleichnis und Urbilde geformt, den er nur wenig tiefer gestuft hatte als die Engel, nach wohlerwogenem Plane den übrigen Geschöpfen voranzustellen. Ihn, von einer Erdscholle genommen, belebte er mit dem Geist ... gesellte ihm die Frau und Gefährtin, Teil seines Leibes, und zierte beide mit der Festigkeit so großen Vorrangs, daß er sie zuerst als unsterblich vollendete. Nur stellte er sie unter eines Gebotes Gesetz; weil sie dies zu halten hartnäckig verschmähten, bestrafte er sie als schuldig der Übertretung mit Entziehung der Unsterblichkeit, die er ihnen vorher verliehen. Damit indessen nicht ganz die göttliche Gnade, was sie zuvor geschaffen hatte, so plötzlich und vollständig vernichte, und damit nach Zerstörung des Menschenbildes nicht Zerstörung alles Übrigen nachfolge ... so machte er aus beider Samen die Erde an Sterblichen reich und unterstellte sie ihnen. Da nun diese die väterliche Entscheidung wohl kannten, aber das Laster der Übertretung auf sie von den Vätern fortgepflanzt war, faßten sie wider einander Haß, schieden den nach natürlichem Recht gemeinsamen Besitz der Dinge, und der Mensch, den Gott aufrichtig und einfach einst erschaffen hatte, scheute sich nicht, sich in Händel einzulassen. Und so, durch notwendigen Zwang der Dinge selbst und nicht minder durch Antrieb der göttlichen Vorsehung, wurden die Fürsten der Völker gewählt, damit die Freiheit zu Verbrechen eingeschränkt werden könnte, und sie, über Leben und Tod entscheidend, gleichsam als Vollstrecker der göttlichen Vorsehung, jedem das ihm gebührende Schicksal, seinen Stand und Anteil begründen sollten. Damit sie über die ihnen anvertraute Verwaltung vollauf Rechnung zu geben vermöchten, wird vom König der Könige und Fürsten der Fürsten vorzüglich gefordert, daß sie die hochheilige Kirche, die Mutter des christlichen Glaubens, nicht durch die geheimen Machenschaften der Verzerrer des Glaubens beflecken lassen und sie gegen die Einfälle der öffentlichen Feinde durch die Macht des weltlichen Schwertes schützen, daß sie ferner den Frieden unter den Völkern und, sind sie befriedet, die Gerechtigkeit, da diese beiden sich wie zwei Geschwister einander umschlingen, nach Vermögen bewahren. Wir also — da Uns allein die Rechte der göttlichen Macht wider menschliches Hoffen zu den Gipfeln des römischen Kaisertums und den Würden anderer Königreiche erhoben hat, und da Wir die Uns verliehenen Pfunde verdoppelt dem lebendigen Gott zurückerstatten wollen — beschlie-

ßen zur Verehrung Jesu Christi, von dem Wir alles erhalten haben, was Wir besitzen, durch Pflege der Gerechtigkeit und Setzung von Rechten ein beredtes Dankopfer darzubringen, indem Wir zunächst für den Teil Unserer Reiche Sorge tragen, der gegenwärtig Unserer Fürsorge in der Gerechtigkeit vor anderen ersichtlich bedarf.

Da denn das Königreich Sizilien, zuerst wegen der Ohnmacht Unserer Jugend, dann zumeist wegen Unseres Fernseins, durch den Einbruch nun vergangener Wirrnisse heimgesucht wurde, haben Wir es für geboten erachtet, für seine Ruhe und Gerechtigkeit mit größter Mühe zu sorgen ... Die gegenwärtigen Satzungen sollen also nach Unserem Willen nur in Unserem Königreich Sizilien Geltung haben. Wir gebieten, daß sie nach Aufhebung der Rechte und Gewohnheiten im Königreich, die Unseren Bestimmungen entgegenstehen und nun veraltet sind, in Zukunft überall unverletzlich zu bewahren sind.[35]

Es ist der autonome weltliche Staat, der hier seine metaphysische Begründung und Wesensbestimmung: Frieden und Gerechtigkeit, pax et justitia, erhält. Quelle allen Rechts ist der Kaiser, der dazu von Gott und durch Naturnotwendigkeit (necessitas) bestimmt ist. Das weist auf die verehrten Vorbilder der Antike hin, auf Augustus, den Kaiser des Friedens, und auf Justinian, den Schöpfer des «Corpus Juris Civilis», dem Friedrich seinen «Liber Augustalis», wie er die Konstitutionen nannte, mit Recht ebenbürtig an die Seite stellte. Römischem Rechtsdenken verpflichtet ist auch der Grundsatz, daß in seiner Person gleichermaßen der Ursprung wie der Schutz des Rechtes begründet liegen müsse, damit nicht der Gerechtigkeit die Macht und der Macht die Gerechtigkeit fehle. Es muß also der Caesar der Justitia Vater und Sohn, Herr und Knecht sein.

Man hat Betrachtungen darüber angestellt, ob die Einleitung, das Proömium, der Konstitutionen nicht nur ein philosophischer Mantel sei, der gewissermaßen im nachhinein, wahrscheinlich von Peter von Vinea, dem aus praktischen Bedürfnissen entstandenen Gesetzeswerk umgehängt worden sei. Indessen läßt sich eine solche Annahme durch nichts belegen. Der Monarch als Repräsentant und Garant der gottgewollten Ordnung der Welt – das war nach allen überlieferten Tatsachen, und an sie müssen wir uns halten, die unerschütterliche Überzeugung des Kaisers, wie sie Jahrzehnte später noch Dante in seiner Schrift über die Monarchie und ihre Notwendigkeit vertrat. Schwer verständlich bleibt, wie sich eine, geschichtlich gesehen, schon damals überholte Anschauung vereinbaren läßt mit der unerhörten Wissensfülle und der überragenden rationalen Intelligenz des Staufers, durch die er seiner Zeit vorauseilte und die ihn der Mit- und Nachwelt oft unheimlich und übermenschlich erscheinen ließ. Aber dieser Widersprüchlichkeit wird man mit moderner Psychologie so

54

Augustus. Bronzekopf aus Meroë im Sudan

wenig beikommen wie der Gestalt Friedrichs überhaupt. Seine oft bekundete Skepsis gegenüber kirchlichen Dogmen sagt wenig oder nichts aus über seinen religiösen Glauben. Vermuten darf man nach manchen Andeutungen, daß er sich um Fragen des Jenseits, um das Heil seiner Seele, an deren Unsterblichkeit er zweifelte, wenig gekümmert hat. Ganz in mittelalterlichem Denken verhaftet, erweist er sich jedoch durch seinen fundamentalen Glauben an die sakrale Eigengültigkeit des Staates und des Herrschers.

Daran ändert auch nichts seine geniale Vorwegnahme von konkreten Staats- und Rechtsordnungen, die sich erst in späteren Jahrhunderten allgemein durchsetzten. In den Signorien der Renaissance, auf die er kulturell vielfach befruchtend gewirkt hat, war von Justitia nicht die Rede; autonom war der Fürst, nicht der in seiner Person geheiligte Staat. Ebenso verfehlt ist es, wenn man Friedrich, wie es nicht selten getan wurde, zu einem Vorläufer der aufgeklärten

Friedrich II.

Monarchen des 18. Jahrhunderts machen möchte. Nicht von liberaler Menschenfreundlichkeit sind seine zahlreichen Verordnungen zum Wohle der Untertanen diktiert, sondern von der strengen Sorge um die gerechte Ordnung im Staate. Damit wird auch der Widerspruch hinfällig, den man zwischen seinen intoleranten und grausamen Ketzergesetzen und den vielen, überraschend modern wirkenden Bemühungen um das Allgemeinwohl oft konstatiert hat.

Der Papst erkannte sehr wohl, wessen Geist und Wille sich in dem Gesetzeswerk, gegen das er scharfen Einspruch erhob, manifestierte. Ihm entging nicht, daß zwar neben der Naturnotwendigkeit und der Vernunft der göttliche Wille als Grundlage des Staates postuliert war, nicht aber die Kirche, die, wenn auch in feierlichsten Wendungen, dem Schutz des Staates unterstellt wurde.

Die Fülle der Erlasse und Verordnungen, die in den Konstitutionen zusammengefaßt sind, zielten vornehmlich auf die Friedenswahrung und die Vereinheitlichung der Rechtsordnung. Durch die Neugestaltung des Gerichtswesens wurde den Feudalen fast jeder Einfluß entzogen. Selbsthilfe und Gottesurteile wurden verboten, Zweikampf und Folter stark eingeschränkt. In vielen Bestimmungen knüpften die neuen Gesetze an die Assisen der normannischen Herrscher an, indem sie diese erweiterten und mit Zusätzen versahen. Zur Begründung heißt es in einem später dem Gesetzbuch einverleibten Passus: *Nichts entziehen Wir dem Ansehen der alten Fürsten, wenn Wir gemäß der Eigenheit der neuen Zeiten neue Gesetze aus Unserem Schoß hervorbringen und für neue Mißbräuche neue Arzneien erfinden ... Darum fiel es Uns zu, notwendige und zugleich dauernde Heilmittel zu ersinnen, durch die Wir den Rost der alten Verordnungen mit der Feile Unserer Pflege fortputzen.*[36]

Dabei ist häufig die rationale Mentalität Friedrichs zu erkennen, die ihm den Ruf des aufgeklärten Fürsten verschafft hat. So etwa in dem Gesetz, durch das die Gottesurteile aufgehoben wurden:

Die Urteile, die von einigen Einfältigen Gottesurteile genannt werden, welche weder auf die Natur der Dinge blicken noch auf die Wahrheit hören, scheiden Wir, die Wir der Gesetze wahre Wissenschaft erforschen und Irrtümer verschmähen, von Unseren Gerichten aus. Mit diesem durch Unseren Namen geweihten Erlaß verwehren Wir für immer allen Richtern Unseres Königreichs, daß einer die Gottesurteile, die eher Gottesversuchungen heißen sollten, irgendwelchen Unserer Treuen auferlege. Vielmehr sollen sie mit den gewöhnlichen Proben zufrieden sein, wie sie in den alten Gesetzen und auch in Unseren Verordnungen eingeführt sind. Und deren Ansicht glauben Wir nicht nur verbessern, sondern austilgen zu müssen, die darauf vertrauen, des glühenden Eisens natürliche Hitze

werde lau, ja kalt ohne Vorliegen einer gerechten Ursache, oder die
versichern, den eines Verbrechens Beschuldigten nehme das Ele-
ment des kalten Wassers wegen seines versehrten Gewissens nicht
auf.[37]

Das Verbot der Herstellung von Liebesträken, das schon Roger II.
erlassen hatte, wurde in den Konstitutionen durch folgenden, für
Friedrich wiederum bezeichnenden Zusatz erweitert:

Die da Liebestränke darreichen oder irgendwelche schädliche Spei-
sen, oder Beschwörungen anstellen, sollen folgendermaßen bestraft
werden: Wenn die, denen dergleichen gereicht ward, dadurch Leben
oder Verstand verlieren, so sollen, welche solches vollführt haben,
dem Halsgericht unterworfen werden. Wenn aber, die solches ge-
nommen haben, in nichts versehrt sind, wollen Wir die Absicht der
Übeltäter nicht ungeahndet lassen, sondern verfügen, sie nach Ein-
ziehung all ihrer Güter ein Jahr lang in Kerkerhaft zu halten. Und
obgleich denen, welche die Wahrheit und die wirkliche Natur an-
schauen, es als unglaubwürdig und, um es schärfer zu sagen, als
betrügerische Erfindung erscheinen wird, daß der Sinn von Menschen
durch Speisen oder Tränke zu Liebe und Haß gereizt werden könne,
wenn nicht bei dem, der sie nimmt, ein bereits erregtes Vorgefühl
dazu führt: so wollen Wir doch die leichtfertige Anmaßung, mit
der jene anderen schaden wollten, wiewohl sie zu schaden nicht ver-
mögen, nicht ungestraft hingehen lassen.[38]

Andere Verordnungen befassen sich mit der Verschmutzung der
Umwelt. Treffender kann man auch beim Bemühen, jede künstliche
Aktualisierung zu vermeiden, den Inhalt der folgenden Erlasse nicht
definieren:

Wir sind gewillt, die durch göttlichen Ratschluß gewährte Ge-
sundheit der Luft durch Unsere bemühte Vorsorge, soweit Wir es
vermögen, zu erhalten. Wir verfügen deshalb, daß es keinem erlaubt
ist, in den einer Stadt oder Burg benachbarten Gewässern in einer
Entfernung von einer Meile oder weniger Flachs oder Hanf zu wäs-
sern, weil dadurch, wie Wir bestimmt wissen, die Beschaffenheit
der Luft verdorben wird. Wer es trotzdem tut, soll seinen Flachs
oder seinen Hanf verlieren und dem Hofe übereignen. Auch befehlen
Wir, daß die Grabstätten der Toten, sofern sie keine Urnen enthalten,
eine halbe Rute tief sein sollen. Wer dagegen handelt, soll Unserem
Hof eine Augustale zahlen.

Kadaver und Abfälle, die Gestank verbreiten, sollen, so bestimmen
Wir, durch die, denen die Felle gehören, außerhalb der Behausungen
in einer Entfernung von einer Viertelmeile ins Meer oder in den
Fluß geworfen werden. Wer dagegen handelt, der soll bei Hunden
oder Tieren, die größer als Hunde sind, eine Augustale, bei kleineren

58

aber eine halbe Augustale an Unseren Hof zahlen.

Wir verbieten auch den Fischern, Taxus oder ähnliche Kräuter, durch welche die Fische getötet werden oder sterben, in die Gewässer zu werfen. Denn dadurch werden sowohl die Fische selbst giftig, wie auch die Gewässer, aus denen Menschen und Tiere öfters trinken, eben dadurch schädlich werden. Wer das tut, soll zu einem Jahr Zwangsarbeit in Ketten verurteilt werden.[39]

Erstaunlich modern wirken auch die Paragraphen, in denen Studien-, Prüfungs- und Gebührenordnungen für Ärzte festgesetzt und die Apotheker staatlicher Aufsicht unterstellt werden:

Da man niemals die medizinische Wissenschaft verstehen kann, ohne vorher etwas von der Logik zu wissen, verfügen Wir, daß keiner Medizinwissenschaft studiere ohne ein vorhergehendes Studium der Logik. Danach kann er zum Studium der Medizin schreiten, das er fünf Jahre lang betreiben soll. In dieser Zeit muß er auch die Chirurgie, die ein Teil der Medizin ist, erlernen. Dann und nicht früher soll ihm die Erlaubnis zum Praktizieren erteilt werden, nachdem er sich einer Prüfung in der vorgeschriebenen Form unterzogen und darüber ein amtliches Zeugnis erhalten hat . . .

Ein Chirurg soll nur zur Ausübung der Praxis zugelassen werden, wenn er Atteste von Professoren der medizinischen Fakultät vorlegen kann, daß er wenigstens ein Jahr lang dieses Teilgebiet studiert und besonders die Anatomie des menschlichen Körpers an seiner Schule gelernt hat . . .

Der Arzt soll seine Kranken mindestens zweimal am Tage besuchen und auf Verlangen des Kranken einmal nachts. Von ihm soll er für einen Tagesbesuch, wenn er deswegen die Stadt oder den Ort nicht verlassen muß, nicht mehr als eine halbe Tarene Gold nehmen; von einem Kranken aber, der außerhalb der Stadt wohnt, soll er für einen Tagesbesuch nicht mehr als drei Tarenen nehmen . . .

Die Apotheker aber sollen die Arznei nach der Anweisung der Ärzte herstellen und sollen dazu nur zugelassen werden, wenn sie den Eid geleistet haben. Alle Arzneien muß der Apotheker nach der genannten Regel ohne Betrügereien herstellen. Den Gewinn von seinen Arzneien soll er auf folgende Weise berechnen: für Arzneien und einfache Medizinen, die gewöhnlich nicht länger als ein Jahr in der Apotheke gehalten werden, darf er pro Unze drei Tarenen verlangen; für andere, die auf Grund ihrer Beschaffenheit länger als ein Jahr in der Apotheke aufbewahrt werden können, darf er pro Unze sechs Tarenen verlangen. Apotheken dieser Art sollen nicht überall, sondern nur in bestimmten Städten des Reiches bestehen.[40]

Lassen sich solche hygienischen und erzieherischen Maßnahmen noch mit den Bestrebungen des aufgeklärten Absolutismus vergleichen, so enthalten die Konstitutionen auch Eingriffe in das Privatleben, wie sie nur totalitäre Systeme kennen. Daß Ehebruch, Kuppelei, Entführung unter strenge Bestrafung gestellt werden, entsprach zwar dem Zeitgeist und im besonderen Friedrichs Anschauung, daß die Ehe, unbeschadet ihres sakramentalen Charakters, naturnotwendig zur Erhaltung des Menschengeschlechts sei. Aber darüber hinaus geht das Verbot der freien Brautwahl für die Adligen und das generelle Verbot der Ehe mit Ausländern aus Gründen der Reinerhaltung der Rasse:

Zur Wahrung der Unserer Krone gebührenden Ehre verordnen Wir mit gegenwärtigem Erlaß, daß kein Graf, Baron oder Ritter ... ohne Unsere Genehmigung eine Gattin heimzuführen wage oder seine Töchter, Schwestern oder Nichten, die er selbst verheiraten kann, vermähle ...[41]

Sodann ein Erlaß vom Dezember 1233:

Da Unser Erbreich Sizilien an löbliche Sitten seiner Einwohner gewöhnt ist, und diese sich im Laufe der Zeit durch die Bewährung in Dienst und Treue in Notlagen ihrer Herren hervortaten, finden Wir es verwerflich, daß es immer wieder vorgekommen ist, daß durch die Mischung verschiedener Volksstämme die Reinheit des Reiches durch fremde Sitten verderbt wurde. Da nämlich die Bewohner Unseres Königreichs sich mit fremden Abkömmlingen vermischten, wurde die Unverdorbenheit der Menschen verdunkelt. Bei der ständig zunehmenden Schlechtigkeit und Verfälschung der Geister ging die durch den Umgang mit anderen bereits beeinträchtigte Wahrheit verloren, und durch ihren Sauerteig wurde die Schar der Getreuen beschmutzt ... Deshalb haben Wir durch einen feierlichen Erlaß allgemein anzuordnen beschlossen, daß es keinem der Söhne und Töchter Unseres Reiches gestattet sein soll, die Ehe mit Ausländern und Fremden, die nicht aus dem Reiche stammen, ohne besondere Erlaubnis Unseres Hofes einzugehen ... Diejenigen, die dawider handeln, bestrafen Wir mit Beschlagnahme aller ihrer Güter.[42]

Die Fülle der Gesetze und Verordnungen setzte eine Organisation zu ihrer Durchsetzung und Kontrolle voraus, wie sie der Kaiser durch eine juristisch geschulte Beamtenschaft schuf, der das Äußerste an Pflichterfüllung und Uneigennützigkeit abverlangt wurde. Die Justitiare durften nicht aus den ihnen unterstellten Provinzen stammen, sie durften in ihnen kein Eigentum besitzen oder erwerben, sie mußten ihr Amt jährlich wechseln. Wo sie als Richter wirkten, waren sie an die Weisung gebunden, daß kein Prozeß länger als zwei Monate dauern durfte. Waren sie als Vertreter des Kaisers fast allmächtig – *Es ist Sakrileg, darüber zu rechten, ob der würdig sei,* den der Kaiser erwählt [43] –, so war andererseits ihre Selbständigkeit dadurch beschränkt, daß sie mit Leib und Vermögen für Übergriffe und Vergehen hafteten. Außerdem war der Beamtenkörper streng hierarchisch gegliedert und dem Prinzip der Subordination unterworfen. *Um die gebührende und besondere Ehre Unseres Großhofs zu wahren, haben Wir befohlen: wenn irgendwann der Großhofjustitiar irgendeine Stadt betritt, um dort mit Unseren Hofrichtern Hofgericht zu halten, daß dann die Justitiare der Provinzen, die dort anzutreffen sind, zu schweigen haben, gleichwie das kleinere Licht verdunkelt wird, wenn das größere Licht es überkommt.*[44]

Neben der offiziellen Bürokratie war im Hintergrund die politische Polizei mit einer Schar von ausgebildeten Spitzeln tätig. Wie genau der Kaiser, auch wenn er fern von Sizilien weilte, über die Beamten unterrichtet war, zeigt ein Brief, den er aus dem Feldlager vor Lodi schrieb:

An Thomas von Montenero, Justitiar des Principats und von Benevent. Ein ungeheures Gerücht kam jüngst Unserer Erhabenheit zu Ohren, das deine Tätigkeit schwer anklagt und Unsere Mitwisserschaft mit Recht erregen kann: daß nämlich Unser letztes Edikt über die Wahl der jährlichen Richter nichts gefruchtet hat in Unserer Stadt Salerno, wo du die Wahl des Matheus Curialis zum Richter zuließest, der ein ungebildeter Kaufmann ist und zum Richteramt vollkommen untauglich ... und dies, obwohl unter der Bevölkerung einer solchen Stadt, die hauptsächlich Gebildete hervorzubringen pflegt, bestimmt ein anderer, gebildeter Mann zu finden gewesen wäre, das Richteramt auszuüben. Dies mißfällt Unserer Erhabenheit um so mehr, das magst du wissen, weil daraus einmal der Stadt selbst Schaden erwachsen kann, ferner aber, weil demnach Unser Befehl nicht beachtet worden ist, wie es sich gehörte. Da Wir also nicht wünschen, daß die Rechtspflege Unserer Getreuen von irgendeinem Kaufmann, der meist flinke Finger zum Verdienen hat, verkauft werde um die Feilheit irgendeines Preises, so befehlen Wir dir, den genannten M., wie es sich gehört, von seinem Amt zu entfernen und einen anderen, tüchtigen, treuen und ausreichend geschulten Mann an seinen Platz zu setzen.[45]

So war es kaum eine Übertreibung, wenn Gregor IX. dem Kaiser vorwarf: «In Deinem Reich wagt niemand ohne Deinen Befehl die Hand oder den Fuß zu bewegen.»[46]

Das berüchtigtste Kapitel ist die Ketzerordnung von 1232, in der es heißt:

Die Sorge für die Uns vom Himmel aufgetragene Königsherrschaft und die Hoheit der Uns von dem Herrn verliehenen kaiserlichen Würde gebieten Uns, das weltliche Schwert ... gegen die Feinde des

61

Das Ketzergesetz Friedrichs II. Ravenna, März 1232.
Ausfertigung für die Dominikaner in Bremen

Glaubens und zur Ausrottung ketzerischer Schlechtigkeit zu ziehen, damit Wir die Schlangensöhne des Unglaubens, die den Herrn und die Kirche beleidigen wie Entweiher des eigenen Mutterleibes, mit gerechtem Urteil verfolgen und die Bösewichter nicht leben lassen, durch deren verführerische Lehre die Welt vergiftet und die Herde der Gläubigen wie von räudigen Schafen angesteckt wird... Weil Wir vom Himmel soviel Gnade erfahren haben und hoch über die Menschenkinder gestellt sind, sollen Wir zum Dank dafür dem, der Uns das verliehen hat, um so demütiger Gehorsam leisten. Da Wir nun, wenn Unser erhabener Zorn gegen die, welche Unseren Namen geschmäht haben, entbrennt, die der Majestätsbeleidigung Schuldigen in ihren Personen und ihre Kinder zur Enterbung verdammen, so verfahren Wir viel gerechter noch gegen die Schmäher des göttlichen Namens und die Verkleinerer des katholischen Glaubens, indem Wir die Erben und die Nachkommen der Schützer, Begünstiger und Schirmherren der Ketzer bis in die zweite Generation aller weltlichen Güter, öffentlichen Ämter und Ehren kraft kaiserlicher Autorität berauben, auf daß sie in Erinnerung an das Verbrechen des Vaters in dauernder Trauer dahinschwinden, in Wahrheit wissend, daß Gott ein eifriger Gott ist, der die Sünden der Väter gewaltig heimsucht ... Die Ketzer aber, wo immer im Reich sie von der Kirche verdammt und dem weltlichen Gericht überwiesen sind, sollen, so bestimmen Wir, mit der gebührenden Strafe belegt werden.[47] Die Strafe war der Feuertod, dem häufig Folter und Verstümmelung vorangingen.

Selbst Ernst Kantorowicz, der in seiner – in vielem noch heute maßgebenden – Biographie oft als Apologet seines von ihm mythisch überhöhten Helden spricht, stellt im Blick auf die Ketzergesetze fest, Friedrich sei «in Wahrheit vielleicht der intoleranteste Kaiser gewesen, den das Abendland überhaupt hervorgebracht hat»[48].

So unbestreitbar das ist, so notwendig erscheint es, zu klären, daß es nicht, wie bisweilen behauptet, persönliche Grausamkeit war, die Friedrich zu dieser unerhörten Rigorosität trieb, und ebensowenig das Bestreben, dem Papst gefällig zu sein. Zweierlei nämlich darf nicht übersehen werden. Zunächst, daß nur die Ungläubigen und Abtrünnigen, nicht aber die Fremdgläubigen, Juden und Sarazenen etwa, verfolgt wurden. Sodann, daß Friedrich die Ketzerei als Majestätsverbrechen wertete, da sich der Ketzer gegen die Autorität des Kaisers auflehnte, wenn er sich außerhalb des katholischen Glaubens und damit außerhalb der Staatsreligion stellte. Ketzer und Rebell war für ihn das gleiche. Beide vergingen sich gegen die Einheit von Imperium und Sacerdotium, gegen den sakralen Staat und seine Ordnung. In dieser Anschauung ist sich Friedrich immer treu geblieben. Selbst als die Kirche in späteren Jahren sich mit den ketzerischen Lombardenstädten verbündete, lehnte er jede Verbindung mit den Häretikern ab. Dem Papst entging das für ihn Gefährliche in der Anwendung der Ketzergesetze keineswegs. Es kam so weit, daß er den Kaiser ermahnte, nicht allzu streng zu sein und zu unterscheiden zwischen denen, die gegen die römische Kirche waren, und

Friedrich II. von Hohenstaufen. Halbaugustalis, Gold

denen, die sich der kaiserlichen Macht widersetzten.

Der Fanatismus, mit dem Friedrich als höchster Richter und alleiniger Garant der Gerechtigkeit und Ordnung im Staat auftrat, zog ihm schon bei seinen Zeitgenossen den Ruf des Tyrannen zu; er selbst scheute sich nicht, sich in einem Erlaß aus späterer Zeit selbst so zu benennen.

Nicht weniger selbstherrlich ging er beim Ausbau der Finanz- und Wirtschaftspolitik vor. Um sich die Mittel für seine prunkvolle Hofhaltung, für seine Beamten, für die Verwaltung und die Rüstung zu beschaffen, schöpfte er den Reichtum des Landes durch ein weitverästeltes System von Steuern und Zöllen ab. Er entzog den Handel mit Getreide, Wein, Baumwolle und Zuckerrohr weitgehend der privaten Hand und verfügte ein Staatsmonopol für den Export nicht nur von landwirtschaftlichen Erzeugnissen, sondern auch von Webereien, von Eisen, Stahl, Kupfer, Seide und Salz. Die Seidenverarbeitung und Färberei wurde den Juden von Trani übertragen, die ein Drittel des Gewinns dem Fiskus abliefern mußten. Die Überprüfung von Einfuhr und Ausfuhr und die Innehaltung der staatlich festgesetzten Preise wurde einem Rechnungshof übertragen.

Im Zuge der Zentralisierung ließ Friedrich auch das Münzwesen einheitlich ordnen. Die Augustalen, wie er diese «schönsten Prägungen, die das Mittelalter hervorgebracht hat»[49] nannte, waren einer Goldmünze des Kaisers Augustus angeglichen. Sie trugen auf der Vorderseite das antikisierte Bild des Staufers mit dem Lorbeerkranz und der Umschrift: «Imp Rom. Cesar Aug.», auf der Rückseite einen römischen Adler mit der Umschrift: «Fridericus». Auch hier also stellte er sich als Nachfolger der römischen Herrscher aus augusteischer Zeit dar.

Obwohl Sizilien und Apulien schon seit der Normannenzeit an eine straffe Regierung gewöhnt waren, kam es nach der Verkündung der Konstitutionen zu einem Aufstand in Messina und Syrakus. Der Kaiser sicherte den Aufrührern, nachdem er sie niedergeworfen hatte, Straflosigkeit zu, ließ dann aber die Rädelsführer unter Bruch seines Wortes als Ketzer aufhängen oder verbrennen und viele der Bewohner andernorts ansiedeln.

FRIEDRICHS II. HOF ALS KULTURZENTRUM – DAS FALKENBUCH

In diesen Jahren, die von Friedrich eine ungeheuere Willensanspannung und Kraftanstrengung erzwangen, blühte sein Hof wie nie zuvor und wurde zum abendländischen Zentrum von Wissenschaft, Dichtung und Kunst. Nach der Gründung der Staatsuniversität Neapel hatte der Kaiser die Professoren und Scholaren von Bologna aufgefordert, nach Neapel zu kommen, *wo das von Uns mit großer Sorgfalt eingerichtete Studium in Blüte steht, wo die Anmut der Landschaft lockt wie der Überfluß an allen Dingen und die verehrte Gemeinschaft der Doktoren* [50]. Während des Kreuzzugs und der Besetzung Siziliens durch die päpstlichen Truppen hatte der Universitätsbetrieb geruht. Jetzt lebte er erneut auf. Bedeutende christliche, arabische und jüdische Gelehrte fanden sich an der Universi-

65

Der kulturelle Austausch zwischen Griechenland, Arabien und Italien. Aus einer süditalienischen Handschrift des 13. Jahrhunderts. Bürgerbibliothek, Bern

tät, die eng mit dem Großhof in Palermo verbunden war, ein und trieben dort ihre philosophischen, naturwissenschaftlichen, medizinischen, mathematischen, aber auch astrologische und alchimistische Studien. Der Kaiser wirkte nicht nur als Mäzen, sondern nahm an den wissenschaftlichen Bestrebungen selbst lebhaften Anteil, wobei ihm seine erstaunlich vielseitigen Sprachkenntnisse – neben dem Volgare, der italienischen Volkssprache, beherrschte er Latein, Griechisch, Hebräisch, Arabisch, Französisch und Provenzalisch – zugute kamen. Ein Beispiel für die Fragen, die er an den Philosophen Michael Scotus, der zugleich sein Hofastrolog war, stellte, haben wir bereits gegeben. Auf seinen Wunsch verfaßte der Schotte ein Lehrbuch der Physiognomik, damit der Herrscher Tugenden und Laster seiner Untergebenen ohne weiteres erkennen könne, und übertrug mehrere Schriften des Aristoteles in der Übersetzung und mit dem Kommentar von Averroes, dem größten arabischen Philosophen seiner Zeit, aus dem Arabischen ins Lateinische. Auch andere arabische Werke wurden auf Veranlassung Friedrichs, der nach wie vor ein

Aristoteles. Römische Kopie nach einem griechischen Original, um 325 v. Chr. Kunsthistorisches Museum, Wien

Bewunderer der islamischen Kultur war, erstmals ins Lateinische übersetzt. Auf die Philosophie und Theologie des Mittelalters übte die dadurch für das Abendland neuerschlossene aristotelisch-arabische Geisteswelt eine kaum zu überschätzende Wirkung aus, von der nicht zuletzt das Werk des Thomas von Aquin zeugt, der damals in Neapel studierte. Übrigens war Thomas mit dem Stauferhaus verwandt; seine Brüder dienten im Heer des Kaisers.

Neben den in der Mehrzahl bürgerlichen Gelehrten und Studenten versammelte der Kaiser an seinem Hof die adlige Jugend; darunter seine ehelichen und natürlichen Söhne, aber auch fremde Fürstenabkömmlinge. Der spätere König Enzio, Friedrich von Antiochien und der geliebte Sohn Manfred wurden am Hofe großgezogen und als Edelknappen oder Valets in ritterlich-höfischer Gesinnung unterwiesen. Viele von ihnen treffen wir später als Statthalter wieder. Von Manfred heißt es, «eine Schar ehrwürdiger Doktoren habe ihn belehrt über die Natur der Welt, über das Werden der Körper, über die Erschaffung der Seelen, ihre Ewigkeit und Vervollkommnung,

Thomas von Aquin, zwischen Aristoteles und Platon. Gemälde von Benozzo Gozzoli, um 1480 (Ausschnitt). Louvre, Paris

über die Vergänglichkeit des Stoffes und die Festigkeit der ewigen Dinge»[51].

Nicht geringer, wenn auch weniger folgenreich, war Friedrichs Vorliebe für die zeitgenössische Dichtung. Mit der französischen und provenzalischen Bildungswelt war er eng vertraut. Er empfahl seinen Rittern zum Beispiel die Lektüre der «Prophezeiungen des Zauberers Merlin» und ließ sie «zum besseren Verständnis der Laien» aus dem Bretonischen ins Französische übersetzen. Zugleich begründete er eine Dichterschule, die zwar von der provenzalischen und deutschen Minnelyrik beeinflußt war, in der aber zum erstenmal Lieder, Gesänge und Kanzonen in italienischer Sprache, und

zwar im sizilisch-apulischen Volksdialekt, gedichtet wurden. Unter
den vielen Dichtungen, die an seinem Hof entstanden, haben sich
auch drei oder vier Kanzonen erhalten, die nachweislich von ihm
selber stammen. Die schönste dieser Kanzonen, das wehmütige Ab-
schiedslied, das angeblich einer seiner orientalischen Favoritinnen
galt, läßt freilich die Frage offen, ob es (was nicht leicht mit den
sybaritischen Neigungen Friedrichs zu vereinbaren wäre) Ausdruck
echten Gefühls oder vielmehr dem traditionellen Stil der Zeit verpflichtet ist. Immerhin sei die Kanzone als Zeugnis seines vielfältigen
Sprachvermögens in Übersetzung wiedergegeben:

Weh, ich gedachte nicht,
daß gar so schweres Leide
das Scheiden wäre von der Fraue mein.
Ich wähnt, ich müßte sterben,
seitdem ich sie meide
und ich der Süßen nicht mehr darf Geselle sein.
Von solchem Kummer wußt ich nie zu sagen,
als seit das Schiff mich von ihr fortgetragen.
Ich sterb gewißlich, wenn ich sie entbehre
und mich nicht schnellstens wieder zu ihr kehre.

Ach, alles, was ich sah,
hat mich so sehr verdrossen,
daß ich an keinem Ort mehr Frieden find.
So quält und sehnt ich mich,
hab Ruh nie mehr genossen
und Spiel und Lachen mir verächtlich sind.
Wenn ich gedenk der Wohlgestalt, der zieren,
wähn ich aus Herz und Mut all Freude zu verlieren,
und nirgends wahrlich kann ich froh mehr sein
als stets nur bei der süßen Fraue mein.

O Gott, ich war ein Tor,
da ich mich von ihr kehrte,
wo ich so hohe Würdigkeit gewann;
nun büß ichs teuer und schmelz
hin wie der Schnee auf Erde,
denk ich, ihr hab Gewalt getan ein andrer Mann.
Und tausend Jahr dünkt mich entfernt der Tag,
daß ich zur lieben Fraue kehren mag.
Ein böses Sinnen quält mich also sehre,
daß ich an Spiel mich nicht noch Lachen kehre.

Zur Blum aus Syrierland,
mein Lied, den Gang nun lenke,
und sag ihr, die mein Herz gefangen hält,
daß sie in Höfischkeit
gar minniglich gedenke
des, der sich ganz in ihre Dienste stellt
und nun aus Minne leidet sehnende Not,
wenn er nicht ganz erfüllt, was sie gebot!
Und bitte sie in ihrer holden Güte,
daß sie ein stetes Herze mir behüte! [52]

Nicht nur die Troubadoure Siziliens, auch Walther von der Vogelweide und Reinmar von Zweter priesen den kaiserlichen Poeten, und
Dante nannte ihn später den Vater der italienischen Dichtungsspra-
che. Wie sie geklungen hat, davon mag die erste Strophe der Kanzone im Original einen Begriff geben:

Oi llasso, nom pensai
sì forte mi paresse
lo dipartire di madonna mia.
Poi ch'io m' alontanai,
ben paria ch'io morisse,
menbrando di sua dolze compagnia.
E già mai tanta pena non durai
senon quanto a la nave adimorai;
ed or mi credo morir certamente,
sed a llei no ritorno prestamente. [53]

Die Sakral- und Gesetzessprache war Latein, ihr Meister, einer
der größten Stilisten des Mittelalters, war Peter von Vinea, der
Großhofrichter, in dessen Kanzlei die angehenden Notare ihre lite-
rarische Ausbildung erhielten. Sicher sind viele Erlasse nach Anweisung und im Ton des Kaisers, dessen engster Vertrauter und
Ratgeber er war, von ihm formuliert, in dem wir den Schöpfer der
majestätischen, pomp- und prunkhaften Formgebung der großen
Manifeste, die Christliches mit Römisch-Antikem verbinden, vermuten können. Als Logothet, «der die Worte setzt», verlas er zumeist auch die Ansprachen an das Volk, denn der Kaiser, von dem es
hieß, er spreche wenig, wisse viel und vermöge viel, ergriff öffentlich nur selten das Wort und verharrte meist in strenger Unnahbar-
keit.

Im vertrauten Kreis dagegen liebte er das geistvolle Gespräch
in dem er bezaubernde Liebenswürdigkeit und hinreißenden Charme

Reinmar von Zweter. Aus der Manessischen Handschrift. Universitätsbibliothek, Heidelberg

entfalten konnte. Gelegentlich ließ er dabei auch seinem ätzenden Spott freien Lauf. Manche sarkastische Äußerung, die bekannt wurde, ist ihm von den Zeitgenossen, zumal von der Kurie, übel verdacht worden. Seinen ironischen Witz charakterisiert eine Anekdote, der zufolge der Großkhan der Mongolen ihm, falls er sich unterwerfe, ein maßgebendes Hofamt anbot, worauf der Kaiser geantwortet habe, er werde es sich zur Ehre anrechnen, einen tüchtigen Falkenmeister seiner tatarischen Majestät abzugeben.

Schon damals residierte Friedrich nur noch selten in Palermo
der offiziellen Hauptstadt des Südreichs, sondern verlegte die Hofhaltung in das zu jener Zeit noch fruchtbare und waldreiche Apulien, in dem er auch seiner Jagdleidenschaft nachgehen konnte und
das er seinen erlesenen Lustgarten nannte. Bereits 1223 hatte er mit
dem Bau des großen Schlosses in Foggia begonnen, das dann seine
Residenzstadt wurde. Neben den Wehrbauten und Kastellen, die aus
strategischen Gründen errichtet wurden, entstanden nach seinem
eigenen Plan zahlreiche Paläste, Jagd- und Lustschlösser, von deren
Schönheit und Prunk die kargen Überreste so wenig eine Vorstellung geben können wie die Rekonstruktionen des einem antiken
Triumphbogen ähnelnden Brückentors in Capua. Einzig das Jagd-
schloß Castel del Monte ist wenigstens in seiner äußeren Architek-
tur erhalten. In der flachen, nach allen Seiten bis zum Horizont aus-
gedehnten Ebene erhebt sich auf einem sanft ansteigenden Hügel
weithin sichtbar der massive achteckige, mit acht abgeplatteten Tür-
men bewehrte Bau aus gelblichem Sandstein, auf halber Höhe durch
einen horizontalen Sims gegliedert. Im Untergeschoß sind die Tür-
me von gotischen Spitzbogenfenstern, im oberen Stock von Doppel-
fenstern unterbrochen. Achteckig ist auch der Innenhof, auf den
die inneren Räume jeweils trapezförmig zulaufen.

Die monumentale Düsterkeit, in der sich das Castel heute dem Be-
trachter darbietet, war in der damaligen Zeit graziös aufgelockert
durch Marmorwände, mosaikbelegte Böden, ein Badebassin aus Mar-
mor im Innenhof und durch antike oder nach antikem Vorbild gestaltete Skulpturen. In der fast mathematischen Klarheit und schlichten Schönheit der apulischen Bauten hat – so ein Historiker unserer
Tage – «die Persönlichkeit Friedrichs II. ihren Ausdruck gefunden,
vielleicht sogar ihren stärksten und reinsten»[54].

In diesen mit erlesenem Luxus ausgestatteten Schlössern fanden
jene Feste statt, hinter denen die Chronisten unwahrscheinliche Ge-
heimnisse vermuteten und die in mancher Novelle ins Märchenhafte
gesteigert wurden. Orientalische Tänzerinnen, Gaukler und Akro-
baten zeigten ihre Künste. «Alle Arten festlicher Freuden einten sich
da, und man ward heiter gestimmt durch den Wechsel der Chöre und
die purpurnen Aufzüge der Spielenden. Eine Anzahl wurde zu Rittern gemacht, andere geschmückt mit Zeichen besonderer Würden.
Der ganze Tag wurde festlich begangen und als er sich dem Ende
neigte, wurde bei flammenden Fackeln, die hier und dort aufleuch-
teten, unter Wettkämpfen die Nacht zum Tage gewandelt.»[55] Keineswegs waren es die sonst im Mittelalter beliebten Freß- und Sauforgien
Dagegen spricht schon die persönliche Lebensweise des Kaisers, der

*Peter von Vinea.
Büste vom Brückentor
in Capua*

tagsüber zu fasten pflegte und nur einmal gegen Abend eine Mahlzeit zu sich nahm. Von der Kirche wurde ihm übrigens als heidnische Unsitte verdacht, daß er auch sonntags badete. Bezeichnend für ihn, der nie einer Frau einen Einfluß auf sein Handeln einräumte, ist es, daß sein Hof auch bei Festlichkeiten keine «Herrin», wie an anderen Minnehöfen, als Mittelpunkt kannte. Seine Gemahlinnen lebten nach orientalischer Sitte mit eigenem Hofstaat in einer Art Harem, und von seinen vielen Geliebten, auch den Müttern seiner natürlichen Söhne, ist kaum eine dem Namen nach bekannt. Er selbst war der Mittelpunkt und strahlte jene Heiterkeit aus, die ihn auch in den späten, unheilvollen Jahren nicht verlassen haben soll.

Eine besondere Vorliebe hegte Friedrich für exotische Tiere, die er nicht nur, wie seine normannischen Vorfahren, in Tiergärten hielt, sondern auch auf Reisen mit sich führte. In den Berichten der zeitgenössischen Schriftsteller spiegelt sich das Erstaunen der Um-

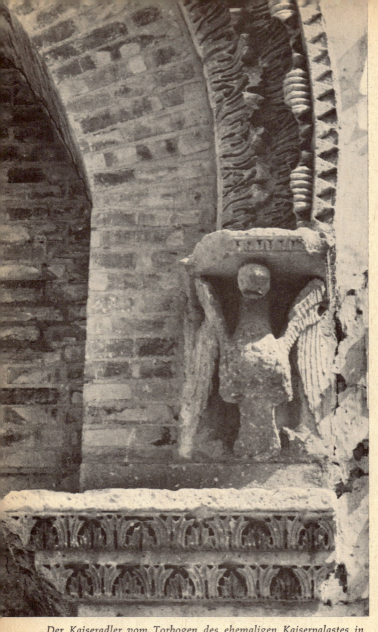

Der Kaiseradler vom Torbogen des ehemaligen Kaiserpalastes in Foggia

welt beim Anblick des kaiserlichen Aufzugs, wenn er mit dem Prunk eines morgenländischen Fürsten, umgeben von seiner maurischen Leibwache und gefolgt von fremdartigen Tieren, deren manche von Negerknaben an silbernen Ketten geführt wurden, in eine Stadt einzog. Beim Reichstag von Ravenna 1231 «erschien der Kaiser mit großem und prächtigem Gefolge. Und unter anderem führte er mit sich viele in Italien ungewöhnliche Tiere: Elefanten, Dromedare, Kamele, Panther, Gerfalken, Löwen, Leoparden, weiße Falken und bärtige Eulen.»[56]

Neben der Absicht, den Glanz seiner Majestät durch solche Schaustellungen zu erhöhen, wirkten hier seine zoologischen Interessen, seine Jagdleidenschaft, seine außerordentlich genaue Beobachtung der Natur mit, von deren vernünftiger und zweckmäßiger Einrichtung er überzeugt war. Als Experte konnte er zum Beispiel dem Verfasser einer Pferdeheilkunde, die auf seine Veranlassung geschrieben wurde, Belehrungen erteilen.

Aus jahrzehntelangen ornithologischen Forschungen ist sein berühmtes Buch über die Vogeljagd *De arte venandi cum avibus* hervorgegangen, eine streng wissenschaftliche Vogelkunde, die ihn als den ersten kritischen Naturforscher und als einen der besten Kenner der Beizjagd ausweist. *Es ist die Absicht Unseres Buches* – heißt es im Vorwort –, *die Dinge, die sind, so wie sie sind, darzulegen.*[57] Entscheidend für ihn war dabei die eigene Beobachtung, die er über die Autorität überlieferter Meinungen stellte, aber durch Beobachtungen und Erfahrungen anderer dort, wo sie ihm überlegen sind, ergänzte. Die Sprache des Buches ist, im Unterschied zu dem Barock der Manifeste, nüchtern, der Satzbau von durchsichtiger Klarheit und Logik. Die Niederschrift hat er, auf Drängen seines Sohnes Manfred, erst in den letzten Lebensjahren vorgenommen, wie aus der Einleitung hervorgeht:

Wir verschoben, obgleich Wir Uns seit langer Zeit vorgenommen hatten, Gegenwärtiges zu verfassen, Unseren Vorsatz, es schriftlich niederzulegen, fast dreißig Jahre lang, da Wir nicht glaubten, früher allem zu genügen. Deshalb haben Wir oft und sorgfältig untersucht, was diese Kunst betraf, indem Wir Uns theoretisch und praktisch darin übten, damit Wir einmal fähig sein könnten, das in einem Buche zusammenzutragen, was Unsere eigene Erfahrung gelehrt hatte oder die anderer, die Wir, weil sie in der Ausübung dieser Kunst erfahren waren, nicht ohne große Kosten aus der Ferne zu Uns berufen hatten. Obgleich Wir häufig durch dringende und fast unentwirrbare Geschäfte gehindert waren, welche die Leitung des Reiches und der Länder mit sich brachte, so haben Wir doch dieses Unser Vorhaben den genannten Geschäften nicht hintangestellt.[58]

Das Brückenkastell in Capua. Rekonstruktion

Figur Friedrichs II. vom Brückentor in Capua

Torso der Kaiserstatue am Brückentor. Museo Campano, Capua

Da, wo es angezeigt war, sind Wir dem Aristoteles gefolgt. In vielen Fällen aber ist er, wie Uns die Erfahrung gelehrt hat, von der Wahrheit abgewichen. Deshalb folgen Wir dem Fürsten der Philosophen nicht in allem, denn selten oder niemals zog er zur Beize. Wir aber liebten und übten sie von Jugend auf. Zu vielem, wovon er in seinem Tierbuche handelt, fügt er hinzu, daß es ihm so berichtet worden sei. Aber was einige so gesagt haben, hat wohl weder er selbst gesehen, noch jene, die es behaupteten; eine Gewißheit jedoch erhält man nicht durch das Ohr und vom Hörensagen.[59]

Aus der kaum übersehbaren Fülle von Einzelbeobachtungen, die er, dem Aristoteles widersprechend, aufzeichnet, hier ein Beispiel: *Man erkennt des Nachts an der Stimme, ob Kraniche, Reiher, Gänse oder Enten ziehen, welche sich nicht, wie Aristoteles sagt, wegen der Anstrengung des Fliegens hören lassen, sondern deren Stimmen oben erschallen, um andere Vögel zu sich heranzurufen ... Einer jedoch ist immer voran, und zwar nicht deswegen, weil er das Ziel kennt, wohin es geht, und andere nicht, sondern weil er die Gefahren erkennen und die anderen durch Rufen und Ausweichen warnen soll.*[60]

Stupor Mundi – das Staunen der Welt – nannten die Zeitgenossen, nicht ohne einen Beiklang von Schaudern, den Kaiser, und die grausigen Experimente an Menschen, die ihm die Fabel nachsagte, deuten auf ein damals noch waches Gefühl für das Dämonische hin, das dem Experiment im Unterschied zur reinen Naturbeobachtung anhaftet und das schon in der unersättlichen Wissensbegier Friedrichs angelegt war. Hier steht der Staufer, der in vielem das Ende einer Epoche bedeutet, wiederum am Anfang einer neuen: der abendländischen Erfahrungswissenschaft. So etwa, wenn er – um einiges herauszugreifen – den Geruchssinn der Raubvögel prüft: *Man darf nicht daran festhalten, daß die Raubvögel ein Aas mit dem Geruchssinn spüren, wie manche behaupten. Das ist von Uns mehrfach erprobt worden. Denn wenn die Falken ganz geblendet (d. h. die Augenlider vernäht) sind, so spüren sie selbst das ihnen vorgeworfene Fleisch nicht, obschon sie im Geruche nicht behindert sind. Wir haben auch festgestellt, daß die Vögel nicht schlagen, wenn sie nicht hungrig sind. Wir warfen ihnen, so daß sie es sehen konnten, ein Küken vor, und sie schlugen es weder noch töteten sie es.*[61]

Andere Versuche stellte er mit künstlichen Brutöfen an; auch ließ er Straußeneier kommen, um die Berichte nachzuprüfen, daß die Eier von der Sonne in heißem Sand ausgebrütet werden könnten.

Ein Beispiel noch für seine kritische Beobachtungsgabe und Neugier, das sich durch viele andere Notizen über seine Züchtungsergebnisse ergänzen ließe: *Einmal wurde Uns ein Nest jenes Vogels*

Castel del Monte. Von Friedrich II. nach eigenen Plänen erbaut

Castel del Monte. Rekonstruktions-Modell

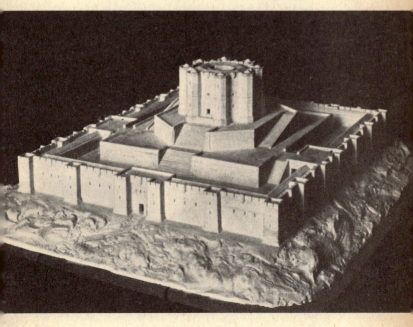

gebracht, der Zeisig genannt wird. In diesem Nest waren Junge, und eines der Vögelchen war auffallend mißgestaltet ... mit großem Schnabel, ohne Federn und mit vielen langen Haaren über dem ganzen Kopf bis zu den Augen und dem Schnabel. Um also zu erfahren, was für ein Vogel das sei, zogen Wir diese Jungen nebst jenem anderen Vogel unter sorgfältiger Obhut auf, und nachdem sie größer geworden waren, sahen Wir, daß es sich um einen Kuckuck handelte; daraus entnahmen Wir, daß der Kuckuck kein Nest baut, sondern seine Eier in fremde Nester legt.[62]

Friedrich II. und sein Falkenmeister. Titelbild einer Handschrift von Friedrichs II. Werk über die Falkenjagd «Liber de arte venandi cum avibus»

Der erste Teil des Buches ist den einzelnen Arten der Vögel in den verschiedenen Ländern gewidmet, ihren Lebensgewohnheiten, ihrer Nahrungssuche und Brutpflege, ihren Organen und deren Funktionen. Mit äußerster Exaktheit wird ihr Gefieder beschrieben und die Mechanik ihres Flugs, zumal bei der Wanderung der Zugvögel, erklärt.

Erst im zweiten Teil kommt der Kaiser auf den besonderen Gegenstand seines Buches:

In dieser zweiten Abhandlung kommen Wir nun zu Unserer eigent-

Vögel im Flug. Aus einem anderen Exemplar des Buches über die Vogeljagd. Bibliothèque Nationale, Paris

lichen Aufgabe, indem Wir auf die Falknerei genau eingehen und auf alles das, was jeder, der sie lernen und ausüben will, wissen und können muß. Der Anfänger muß die Kunst mit dem Unterricht durch einen wohlerfahrenen Meister beginnen und sie erst dann selbständig ausüben, wozu vor allem gute Beizvögel gehören. Doch eignet sich nicht jedermann zur Falknerei, sondern nur ein unverdrossener und leidenschaftlicher Liebhaber derselben, der zugleich von Natur aus Geschick dazu hat und wohlgeschult im ganzen Umfang dieser Kunst ist.

Die Grundsätze, nach denen der Falkner bei seiner Kunst zu verfahren hat, sind nun in Unserem Buch als Muster und Regeln überliefert, und also die gesamte Falknerei zusammengefaßt worden, so wie sie sein oder werden sollte, wobei die gebotene Kürze und Klarheit immer beobachtet werden wird.[63]

Bei der Schilderung der verschiedenen Arten von Jagdfalken und ihrer Abrichtung benutzte der Kaiser auch die Beobachtungen, die er an den Raubvögeln gemacht hatte, welche er sich aus vielen Ländern von Island bis Indien hatte zuschicken lassen. Ob er aus den arabischen und persischen Falkenbüchern, die er übersetzen ließ, Anregungen entnommen hat, ist zweifelhaft. Nur beim Gebrauch der Falkenhaube nennt er die Araber als seine Lehrmeister:

Die Falkenhaube ist eine Erfindung orientalischer Völker. Die Araber haben sie, soviel Wir wissen, zuerst bei der Abrichtung der Falken gebraucht. Wir haben es auch selbst bei ihnen gesehen, wie sie dieselbe anwandten, als Wir über das Meer zu ihnen hingesegelt waren. Die Könige der Araber schickten Uns nämlich mit vielen Falkenarten auch sehr erfahrene Falkner, aber trotzdem haben Wir teils aus Arabien, teils auch aus anderen Ländern, woher es auch war, Eingeweihte in der Falknerei herberufen. Dies geschah zu der Zeit, als Wir zuerst den Vorsatz faßten, ein Buch über diese gesamte Kunst zu verfassen, und Wir haben, wie schon eingangs erwähnt, das, was sie besser verstanden, von ihnen angenommen.[64]

Als sicher gilt, daß die vielen hundert bis ins Einzelne naturgetreuen Vogelbilder, die das Werk schmückten, von Friedrich, der sich sehr gut aufs Zeichnen verstand, stammen.

Zum Abschluß dieses Kapitels sei für Leser, die nicht abgeneigt sind, eine, wahrscheinlich erfundene, Anekdote als verdichtete Wirklichkeit zu nehmen, aus dem Buch der «Hundert alten Erzählungen» die folgende Geschichte angeführt: «Der Kaiser Friedrich ging einmal auf die Falkenjagd, und er hatte einen ganz ausgezeichneten Falken, den er mehr als eine Stadt schätzte. Er ließ ihn auf einen Kranich los; der aber stieg hoch. Der Falke flog noch viel höher als er. Er sah unter sich einen jungen Adler. Er stieß auf ihn, daß er zu Boden stürzte und hielt ihn so lange, bis er tot war. Der Kaiser lief hin in der Meinung, es sei ein Kranich; er fand, wie es war. Da rief er zornig seinen Scharfrichter herbei und befahl ihm, dem Falken den Kopf abzuhauen, weil er seinen Herrn getötet habe.»[65]

DIE REVOLTE DES SOHNES – ZWEITER DEUTSCH-LAND-AUFENTHALT – DIE SCHLACHT BEI CORTENUOVA

Im August 1231 war die Sammlung der Konstitutionen abgeschlossen, die sizilische Monarchie neu geordnet und gefestigt. Für den Kaiser rückten jetzt die lombardische Frage und Deutschland wieder in den Vordergrund. Damit wurde die Beziehung zur Kurie, um die er sich als Tyrann von Sizilien wenig gekümmert hatte, wieder wichtig; ein christliches Imperium setzte die Einheit der beiden Mächte voraus. So versicherte er sich des päpstlichen Einverständnisses, als

83

er für den November die Ladung zu einem Reichstag in Ravenna ergehen ließ:

Wir erinnern Uns, Euch vor kurzem durch Unser Schreiben mitgeteilt zu haben, daß Wir auf den Rat des höchsten Priesters für den 1. des kommenden Monats November, das Fest Allerheiligen, einen allgemeinen Hoftag nach Ravenna mit Unserem Sohne, dem König von Deutschland, und allen Fürsten des Reiches einberufen haben, da es Unser dringlicher Wunsch ist, zur Ehre Gottes und des kaiserlichen Ansehens den Frieden des ganzen Reiches wiederherzustellen, den Zustand Italiens zu glückhafter Ruhe zu bringen, die inneren und äußeren Streitigkeiten zwischen den Städten zu schlichten und allen Zündstoff des Zwistes zwischen benachbarten Völkern zu entfernen. Wir glauben, es ist der geeignete Zeitpunkt, an dem Eure Wünsche mit den wohlgemeinten Bestrebungen Unserer Milde übereinstimmen ... Denn Ihr sollt wissen, daß Wir mit aller Heiterkeit der Seele und des Leibes zum Fest dieses Reichstages als Schöpfer des Friedens kommen ... Deshalb befehlen Wir Euch allen gemäß der Treuepflicht, durch die Ihr Uns und dem Reich verbunden seid, aus Eurer Mitte erfahrene und bemühte Männer zu wählen ...

Wie man den Falken anbindet. Aus dem «Falkenbuch» in der Bibliothèque Nationale

Reitende Falkner. Aus dem Pariser «Falkenbuch»

und sie zusammen mit Eurem Bürgermeister zu dem Reichstag nach Ravenna zu schicken.[66]

Ohne Streitmacht und im Vertrauen auf die Zusicherung des Papstes, daß er sich bei den lombardischen Städten für das Vorhaben einsetzen wolle, zog er nach Norden. Indessen sperrten die Lombarden, wie schon im Jahre 1226, die Alpenpässe. Am 3. Dezember beklagte sich Friedrich beim Papst über die *Schwäche der kränkelnden Welt, gegen die die himmlische Weisheit nicht zwei, sondern eine doppelte Arznei anwende: ... die Salbe des priesterlichen Amtes, durch welche die Laster der irrenden Brüder und ihre vergiftete edle Seele geistig geheilt werden, und die Macht des kaiserlichen Schwertes, das mit seiner Schärfe die schwärenden Wunden reinigt und durch Niederwerfung der öffentlichen Feinde alles, was angesteckt oder abgestorben ist, mit scharfer Schneide abtrennt.*[67]

An militärische Aktionen freilich konnte der Kaiser gegenwärtig nicht denken. Zwar verhängte er die Reichsacht über die lombardische Liga, aber den Termin für den Hoftag mußte er verschieben. In Ravenna fanden sich in den nächsten Wochen eine Anzahl deutscher Fürsten ein, die auf Umwegen, zum Teil über See, gekommen waren; jedoch der deutsche König Heinrich VII. leistete dem Ruf keine Folge.

Zwischen Vater und Sohn waren seit längerem Spannungen aufgetreten. Nicht nur, daß der jetzt zwanzigjährige Heinrich VII. sich von der überlegenen väterlichen Autorität freizumachen suchte, er verfolgte auch eine Politik, die den universalen, auf das Imperium ausgerichteten Tendenzen Friedrichs entgegengesetzt waren. In dem Bestreben, der territorialen Zersplitterung in Deutschland entgegenzuwirken, versuchte er, die Macht der Fürsten einzuschränken, indem er Unterstützung durch die Städte, das aufstrebende Bürgertum und den niederen Adel zu gewinnen trachtete. Aber bei der Verfolgung seines Plans ließ er es an Stetigkeit und Sinn für die politische Realität fehlen und erreichte nur, daß sich die Fürsten gegen ihn zusammentaten und ihm auf dem Hoftag zu Worms das sogenannte «Statutum in favorem principum», das Statut zugunsten der Fürsten, abnötigten, durch das das deutsche Königtum viele Hoheitsrechte an die Fürsten abtrat.

Als es um Ostern 1232 zu einem neuen Hoftag in Aquileja kam, konnte sich Heinrich dem Befehl des Vaters, dort zu erscheinen, nicht mehr entziehen. Unter demütigenden Bedingungen – der Kaiser empfing den ungehorsamen Sohn nicht in Aquileja, sondern in dem benachbarten Cividale – mußte er schwören, nichts mehr gegen die Fürsten, mit denen Friedrich keine Auseinandersetzung wünschen konnte, zu unternehmen. Nicht genug damit: er mußte den Papst bitten, ihn ohne weiteres zu exkommunizieren, wenn er den Eid, den er dem «göttlichen Augustus» geleistet hatte, bräche. Ob Friedrich damals die Folgen seiner fürstenfreundlichen Politik klar erkannt hat oder nicht – in jedem Fall war für ihn die Idee des Weltimperiums allem übergeordnet, also auch der Schaffung eines deutschen Nationalstaates.

In der Folgezeit war der Kaiser um gütliches Einvernehmen mit dem Papst bemüht, von dem er Unterstützung gegen die lombardische Liga zu erlangen hoffte und in beschränktem Maße auch erlangte. Zwei Jahre später kam es dazu, daß er ihn in aller Form ersuchte, die Exkommunikation seines Sohnes zu verkünden. Heinrich VII. hatte nicht nur die fürstenfeindliche Politik fortgesetzt, sondern sich auch gegen die maßlose, oft willkürliche Ketzerverfolgung durch den fanatischen Inquisitor Konrad von Marburg gewendet, womit er sowohl den Papst wie den Kaiser gegen sich aufgebracht hatte. Eine Zurechtweisung durch den Kaiser hatte er damit beantwortet, daß er sich in Boppard mit einigen weltlichen und geistlichen Großen offen gegen ihn auflehnte. Wohl verzweifelt oder in knabenhaftem Trotz, den Friedrich im Abfall des Sohnes sah, beging er den Wahnsinn, sich mit den Lombarden, den Todfeinden der Staufer, zu verbünden.

«Als der Kaiser», so berichtet eine zeitgenössische Chronik, «von der Treulosigkeit seines Sohnes und dem Verrat hörte, den er ge-

Siegel König Heinrichs VII. Wien, Deutschordensarchiv

gen ihn begangen ... eilte er, so schnell er konnte, zu den Ufern des Rheines; viele Fürsten kamen ihm bis Regensburg entgegen. Wie es der kaiserlichen Erhabenheit ansteht, so zog er daher in großer Glorie und es folgten ihm die vielen Quadrigen mit Gold und mit Silber beladen, mit Byssus und Purpur, mit Gemmen und köstlichem Gerät. Er führte mit sich Kamele, Maultiere und Dromedare, Affen und Leoparden, auch viele Sarazenen und dunkle Äthiopier, die sich auf mancherlei Künste verstanden und als Wache dienten für Gelder und Schätze. So gelangte er inmitten einer großen Menge von Fürsten und Kriegern bis nach Wimpfen.»[68]

Heinrich, der sich von fast allen Anhängern verlassen sah, bot durch Hermann von Salza bedingungslose Unterwerfung an und eilte nach Wimpfen, um die väterliche Verzeihung zu erbitten. Der

Arkaden der Hohenstaufenpfalz in Wimpfen am Neckar

Kaiser aber ließ ihn nicht vor. Als Gefangener mußte Heinrich dem Triumphzug den Neckar entlang bis nach Worms folgen. Erst nach Tagen ließ ihn Friedrich aus dem Kerker vor sich in den Gerichtssaal bringen. Heinrich warf sich dem Vater, der ihm keinen Blick schenkte, zu Füßen und durfte sich erst, als einige Fürsten um Gnade für ihn baten, aufrichten. Das Urteil des väterlichen Richters lautete auf lebenslängliche Kerkerhaft wegen Hochverrats. Er wurde nach Apulien gebracht und soll sich nach über sechsjähriger Haft, als er in ein anderes Kastell gebracht werden sollte, mit seinem Pferd in eine Schlucht gestürzt haben.

Auf die Nachricht von dem tragischen Ende des aufrührerischen Sohnes schrieb Friedrich in einem Brief an die sizilische Geistlichkeit:

Mitleid des zärtlichen Vaters hat das Urteil des strengen Richters überwunden: Heinrichs, Unseres Erstgeborenen, Verhängnis müssen Wir betrauern, und aus dem Innersten heraus trieb die Natur der Tränen Flut, die drinnen verschlossen hielt der Schmerz der Belei-

*Burg Rocca San Felice in Venosa (Apulien).
Hier verbrachte Heinrich VII. seine Kerkerhaft*

digung und die Starre der Gerechtigkeit. Vielleicht werden sich harte Väter wundern, daß der von öffentlichen Feinden unbesiegte Caesar von häuslichem Schmerze hat besiegt werden können. Aber eines jeden Fürsten Gemüt, sei es noch so starr, ist der Gewalt der allmächtigen Natur untertan; sie, die ihre Macht über jeden ausübt, anerkennt weder Könige noch Kaiser. Wir gestehen, daß Wir, die Wir durch des lebenden Königs Übermut nicht gebeugt werden konnten, durch den Sturz dieses Unseres Sohnes erschüttert sind.[69]

Die rechtmäßige Thronfolge war nun nur noch durch Konrad, den Sohn aus der zweiten Ehe Friedrichs mit Isabella von Jerusalem, gesichert. So entschloß sich der Kaiser, wiederum dem Vorschlag des Papstes folgend, zu einer Vermählung mit der einundzwanzigjährigen Isabella, Tochter des englischen Königs Johann. Zum Abschluß des Ehevertrags schickte er Peter von Vinea mit anderen Gesandten nach London. Diese – so berichtet ein englischer Chronist – hätten sich in Gegenwart des Königs lange an dem Anblick der schönen jungfräulichen Prinzessin geweidet, sie des kaiserlichen Ehebettes in allen Stücken für würdig erkannt, ihr im Namen Friedrichs den Verlobungsring an den Finger gesteckt und sie als Kaiserin des Römischen Reiches begrüßt.

Nach der Landung in Antwerpen wurde Isabella, deren prunkvolle Kleidung und Aussteuer der Chronist in allen Einzelheiten rühmt, von bewaffneten Edlen des Kaisers empfangen und über Köln, wo sie sechs Wochen zubrachte und die Einwohner durch ihre Schönheit und Leutseligkeit bezauberte, nach Worms geleitet. Dort wurde die Vermählung am 15. Juli, einem Sonntag, vollzogen und die Hochzeit vier Tage lang mit großer Pracht gefeiert. An den König von England, in dessen Wappen drei aufrecht schreitende Leoparden figurierten, schickte Friedrich mit anderen wertvollen Geschenken drei Leoparden. Die Ehe vollzog er nicht in der ersten Nacht, sondern erst am frühen Morgen, da die Astrologen diese Stunde als die günstigste errechnet hatten. Obwohl der Kaiser vom Äußeren seiner jungen Gemahlin und von ihrer anmutigen Beredsamkeit sehr angetan war, übergab er sie maurischen Eunuchen zur Obhut – ein Verhalten, das ihm schon bei seinen vorausgegangenen Eheschließungen von vielen als orientalisch-grausame Unsitte verübelt wurde. Vorher hatte er ihr eingeschärft, auf sich zu achten, denn sie habe einen Sohn empfangen. Indessen gebar Isabella erst nach zwei Jahren ihr erstes Kind, eine Tochter, Margarethe. Zwar lebte die Kaiserin meist in Zurückgezogenheit, aber von «Kerkerhaft» konnten nur böswillige Verleumder sprechen. Ihr Hofstaat, zu dem auch zwei ihrer englischen Zofen gehörten, war mit mancherlei Luxus ausgestattet, und der Kaiser, der sie gelegentlich auf Reisen mit sich nahm,

Worms: der Dom, 1230 vollendet

bedachte sie häufig mit kostbaren Geschenken.

Bald nach der Vermählung berief Friedrich eine Reichsversammlung nach Mainz ein, auf der er eine Landfriedensordnung erließ, die schon dadurch bedeutsam ist, daß sie das erste Reichsgesetz war, das in deutscher Sprache verkündet wurde. Die Eingangsbestimmungen dienten offensichtlich der Legalisierung seines Verfahrens gegen Heinrich VII. *Welcher Sohn* – heißt es da – *seinen Vater von seinen Burgen verstößt oder von anderem Gute oder es brennt oder raubt, oder wider den Vater zu seinen Feinden schwört, so daß er auf des Vaters Verderbnis geht ... der Sohn soll Eigen und Leben und fahrende Habe verlieren und alles Erbgut von Vater und Mutter auf ewige Zeiten, daß ihm weder Richter noch Vater je wieder zum Gute verhelfen können ... Welcher Sohn an seines Vaters Leib gerät oder ihn freventlich angreift,* «*derselb si erloss und rechtloss ewiglichen, also das er nimmer mer komen moge zu sinem rechten*».[70]

Sodann wurde in dem Landfrieden das Rechtswesen neu geordnet und ein Reichshofjustitiar eingesetzt, der als ständiger Vertreter des Kaisers zu walten hatte. Von nicht geringer Bedeutung war, daß die alte Geschlechterfehde zwischen Staufern und Welfen endgültig beigelegt wurde: *Denn als auf dem allgemeinen Hoftag zu Mainz Unsere Erhabenheit, von den Fürsten umgeben, thronte, da hat Otto von Lüneburg vor Uns das Knie gebeugt, hat allen Hader und Haß, der zwischen Unseren Vorfahren bestanden haben mochte, hintangestellt und hat sich ganz in Unsere Hand gegeben.*[71] Der Kaiser schenkte Otto, einem Enkel Heinrichs des Löwen, zu seinem Lüneburger Besitz noch Braunschweig und belehnte ihn mit dem neugeschaffenen Herzogtum Braunschweig-Lüneburg.

Der wichtigste Erfolg, den Friedrich auf dem Hoftag erzielte, aber war es, daß die deutschen Fürsten sich einstimmig durch Zuruf und Handerhebung zu einem Feldzug gegen die Lombarden verpflichteten, wenn diese nicht bis zum nächsten Frühjahr dem Reich Genugtuung leisten würden. Hermann von Salza, der so oft zwischen Kaiser und Papst vermittelt hatte, wurde zu Gregor entsandt, um ihn zu bestimmen, die lombardischen Städte für eine friedliche Beilegung des Konflikts zu gewinnen. Damit geriet der Papst in eine schwierige Lage. Einerseits konnte er nicht bestreiten, daß die Lombarden die Reichshoheit schwer verletzt hatten. Andererseits war er auf sie angewiesen und konnte sie nicht der politischen Macht des Kaisers ausliefern, abgesehen davon, daß das, selbst wenn er guten Willens gewesen wäre, seine Möglichkeiten überschritten hätte. So verlegte er sich auf Ausflüchte, machte dem Kaiser Vorwürfe, die nichts mit der Sache zu tun hatten, und brachte als Vordringlichstes die Not-

Anfang der deutschen Fassung des «Reichslandfriedens» von 1235.
Staatsbibliothek, München

Die hl. Elisabeth. Glasbild in der Elisabethkirche, Marburg

wendigkeit eines neuen Kreuzzugs ins Spiel. Die Einheit zwischen Kirche und Reich war aufs neue gefährdet.

Vielleicht trug Friedrichs Absicht, sich gerade in solcher Situation als weltliches Haupt der Christenheit darzustellen, zur Abhaltung der Feierlichkeiten bei, die er im Frühjahr 1236 in Marburg zum Gedenken der heiligen Elisabeth vornahm. Die fünf Jahre früher mit 24 Jahren gestorbene Witwe des Landgrafen Ludwig von Thüringen hatte sich durch ihre franziskanische Frömmigkeit und ihren aufopfernden Dienst an Armen und Kranken die Verehrung des Volkes erworben und war vom Papst heilig gesprochen worden. Eine riesige Volksmenge, dazu viele geistliche und weltliche Große, war in Marburg zusammengeströmt, als der Leichnam der jugendlichen Heiligen in einen kostbaren Schrein übergeführt wurde. Der Kaiser selbst

Der Elisabethschrein (1239–49). Elisabethkirche, Marburg

setzte ihr eine goldene Krone aufs Haupt und legte einen goldenen Becher, aus dem er zu trinken pflegte, ins Grab. In der grauen Kutte der Zisterzienser schritt er hinter dem Sarg. Ob ihn dabei religiöse Gefühle bewegt haben, muß offenbleiben; aus der Sicht heutiger Psychologie ist derlei am wenigsten zu beantworten.

In einem Bericht über die Feierlichkeit, den Friedrich dem Ordensgeneral der Franziskaner gab, äußerte er sich auch *ohne scheue Schamhaftigkeit* zu der von einigen vorgebrachten Vermutung, er habe nur die fürstliche, mit ihm eng verwandte Frau rühmen wollen: *Wir freuen Uns, daß auch Unser Heiland Jesus von Nazareth aus Davids Königsstamm entsprossen ist und daß die Bücher des Alten Testaments bezeugen, daß die Bundeslade nur durch die Hand der Adligen berührt wurde.*[72]

Nach den festlich-feierlichen Tagen von Mainz und Marburg, die das Ansehen und die Macht des Kaisers im ganzen Abendland außerordentlich gefestigt und gesteigert hatten, trat nun wieder der Kampf gegen die Lombarden, in denen er die letzten Störer des Weltfriedens sah, in den Vordergrund. Nicht um einen Krieg, sondern um eine Exekution des Rechts handle es sich hierbei, bedeutete er dem Papst, *damit jene Mitte Italiens, die von Unseren Kräften rings umgeben ist, zu den Diensten Unserer Erlauchtheit und zur Einheit des Kaisertums zurückkehre ... Den liebsten Dienst glauben Wir also dem lebendigen Gotte zu leisten, wenn Wir mit löblichem Eifer und festem Vorsatz den friedlichen Zustand des ganzen Imperiums erstreben, um so freudiger je sichtbarer die Vorzeichen sind, unter denen Wir solches aus dem göttlichen Willen herleiten.*[73]

In solchen Sätzen stellt sich der Kampf gegen die lombardischen Rebellen fast wie ein Kreuzzug dar. Daß neben der Weltfriedensidee jene maßlose Rachsucht gegen die Lombarden mitwirkte, die ihm zum Verhängnis werden sollte, erhellt aus einem Brief an den König von Frankreich:

Sobald Wir nämlich in den reiferen Jahren, in der erglühenden Kraft des Geistes und des Leibes wider menschliches Erwarten zum Gipfel des Römischen Reiches durch die göttliche Vorsehung aufstiegen ... war Unseres Geistes Schärfe unausgesetzt darauf gerichtet ... die am Vater und Großvater begangene Beleidigung zu bestrafen und den schon anderen Ortes ausgerotteten Keim verruchter Freiheit zu zertreten.[74]

Im Sommer 1236 zog Friedrich mit geringen Streitkräften nach Oberitalien. Den Papst hatte er ersucht, Kirchenstrafen gegen die lombardischen Ketzer zu verhängen. Er ging also immer noch von der Einheit von Kaisertum und Papsttum aus. Die Antwort Gregors IX. war eine scharfe Ablehnung und die Postulierung der un-

Vom Geld ist die Rede, von wem noch?

(168) *Er wollte unbedingt Soldat werden . . .*

... aber sein König, Ludwig XIV., nahm den jungen Mann, dessen Mutter bei Hofe in Ungnade gefallen war, nicht in die Armee auf. Diese Entscheidung sollte der Sonnenkönig noch lange bereuen. Der ein wenig häßlich geratene Zwanzigjährige floh nämlich aus Paris und trat in fremde Heeresdienste ein. Fünfzig Jahre lang kämpfte der Haudegen nun auf sämtlichen Kriegsschauplätzen Europas – und mit Vorliebe gegen Frankreich. Kaum zehn Jahre nach seiner Flucht erhielt der so erfolgreich gewordene Heerführer ein geheimes Angebot, Marschall von Frankreich und Gouverneur der Champagne zu werden, mit einer ansehnlichen Jahresrente verbunden. Er lehnte ab. Unermüdlich zog er weiter von Kampfplatz zu Kampfplatz, von Sieg zu Sieg, im Solde dreier Könige, zuletzt als Reichsfeldmarschall. Dreizehnmal wurde er verwundet, und in seinem Soldatenleben summieren sich die Friedenstage auf kaum zwei Jahre. Wie auf dem Schlachtfeld bewährte der Held sich auch auf diplomatischem Parkett und als Generalgouverneur der (österreichischen) Niederlande. Als Hofintrigen ihn dazu trieben, auf diesen einträglichen Posten zu verzichten, wurde er zum Generalvikar von Italien ernannt, mit einer Pension von 300 000 Gulden im Jahr.

Er war nun 60 Jahre alt, reich, sehr reich sogar, und in seiner kargen Freizeit förderte er großzügig die Künste und Wissenschaften. Er korrespondierte mit Montesquieu, Voltaire und Leibniz, und – überraschend für einen Mann, der mehr im Zelt als zu Hause lebte – er trug eine große Bibliothek und eine vielbewunderte Sammlung von Gemälden zusammen.

Immer noch trieb es ihn zu Schlachten, doch als 1735 mal wieder ein Friede geschlossen wurde, war er doch froh um die Verschnaufpause. Die ungewohnte Ruhe bekam ihm nicht. Er starb ein Jahr später. Da er unverheiratet geblieben war (man nannte ihn einen «Mars ohne Venus»), erbte seine Nichte sein ungeheures Vermögen. Von wem war die Rede?

(Alphabetische Lösung: 16–18–9–14–26 5–21–7–5–14)

Pfandbrief und Kommunalobligation

Meistgekaufte deutsche Wertpapiere - hoher Zinsertrag - schon ab 100 DM bei allen Banken und Sparkassen

Verbriefte  Sicherheit

eingeschränkten Suprematie der Kirche. «Die Nacken der Könige und Fürsten», hieß es in dem Schreiben, «siehst Du unterworfen den Knien der Priester, und christliche Kaiser müssen ihr Tun unterstellen nicht nur dem römischen Pontifex, sondern dürfen ihm nicht einmal den Vorzug geben vor anderen Priestern.»[75] Das hieß nichts anderes, als daß er den Kaiser nicht nur der päpstlichen Allhoheit, sondern einem jeden Kleriker unterstellte. Danach konnten die weiteren Verhandlungen nur noch Scheingefechte sein.

In der Lombardei erzielte der Kaiser einige militärische Erfolge. Aber der ohnehin nur mit halber Kraft geführte Feldzug mußte abgebrochen werden, weil sich Herzog Friedrich II. der Streitbare, der letzte Babenberger, gegen das Reich aufgelehnt hatte. Er wurde in die Reichsacht getan und von den Truppen des böhmischen Königs und des Herzogs von Bayern geschlagen. Im Winter zog Friedrich nach Wien, das er zur freien Reichsstadt erklärte. Dort ließ er zu Beginn des Jahres 1237 auf einem Hoftag seinen neunjährigen Sohn Konrad zum deutschen König und zukünftigen Kaiser wählen. Die deutschen Fürsten erklärten sich dabei, im Sinne der staufischen Reichsidee, zu Nachfolgern des römischen Senats und als zuständig für die Kaiserwahl. Zum Reichsverweser wurde der Erzbischof Siegfried von Mainz ernannt. Schon als Kind war Konrad der Liebling seines Vaters gewesen. Ein oder zwei Jahre nach der Wahl schrieb Friedrich an ihn:

Den Großen der Erde und Königen reicht die berühmte Abkunft allein nicht hin, wenn dem ausgezeichneten Geschlecht nicht adliges Wesen beisteht und erlauchte Tätigkeit das Fürstentum verherrlicht. Auch nicht deshalb allein, weil sie höher gesetzt sind, unterscheidet man Könige und Caesaren von andern, sondern weil sie tiefer blicken und tüchtiger handeln. Außer dem nämlich, daß sie den Menschen durch ihr Menschtum gleichstehen, durch ihr Leben gesellt sind, rechnen sie nichts Vornehmliches sich selbst zu, wenn nicht jeder durch die Tugend der Klugheit die übrigen Menschen überglänzt ... Also, Mein Sohn, achte die Weisheit und der Klugheit neige Dein Ohr, daß Du, mit den herrscherlichen Zeichen geschmückt, zur Wirkung des herrscherlichen Namens gelangest. Denn den herrscherlichen Namen haben Wir darum, daß Wir die Untertanen beherrschen, empfangen: Herrscher fürwahr hören Wir auf zu sein, wenn Wir, herrscherlicher Klugheit ermangelnd, lieber uns durch die Minderen beherrschen lassen als selber herrschen ... Deshalb sagt man mit Recht: «weh dem Land, dessen König ein Kind ist», denn durch die Kindheit des Herrn wird das Land gestraft, und des Königs Torheit hat das Land gar oft zu beweinen ... Daß Du also als weiser Sohn den Vater froh machest, habe Neigung zum Wissen und keinen

Abscheu vor der Zucht, und nicht genüge Dir, ein Herr nur durch Würdigkeit des Namens zu sein, sondern durch Tüchtigkeit der Herrschaft ein Herrschender.[76]

Im Sommer 1237 zog Friedrich von Augsburg über den Brenner nach Oberitalien, diesmal mit einer Streitmacht von mindestens 12 000 Mann: deutsche und sizilische schwerbewaffnete Ritter, Fußvolk, sarazenische Bogenschützen und Truppen aus den reichstreuen Städten der Lombardei. Anfang Oktober wurde Mantua erobert, während Brescia, vor dessen Mauern ein starkes lombardisches Heer lagerte und jeder offenen Feldschlacht auswich, sich halten konnte. In dieser Situation unternahm der Kaiser ein Täuschungsmanöver: er entließ einen großen Teil seines Heeres und zog mit der Reiterei und den sarazenischen Schützen nach Norden. Der Gegner glaubte, er beziehe die Winterquartiere und trat daraufhin selbst die Rückkehr in die Heimatorte an. Am 27. November überraschte Friedrich bei Cortenuova, südöstlich von Bergamo, das Lombardenheer und schlug es vernichtend. Bei der Verfolgung der Fliehenden, die dem Tod auf dem Schlachtfeld entgangen waren, gerieten am nächsten Morgen über tausend Ritter und dreitausend Mann Fußvolk in Gefangenschaft.

Cortenuova war eine der großen Schlachten des Mittelalters und ein vollkommener Sieg des Kaisers, der ihn in einem Schreiben an die Römer eine Glorie der römischen Waffen nannte, errungen im Namen des kaiserlichen Rom und seiner Cäsaren. Wie ein triumphierender römischer Imperator zog er dann auch in Cremona unter Posaunenklängen und dem Jubel des Volkes ein. Der erbeutete Fahnenwagen wurde von einem Elefanten gezogen, und an den gesenkten Fahnenmast war der Sohn des Dogen von Venedig, Pietro Tiepolo, gefesselt. Nach der Siegesfeier ließ der Kaiser den Fahnenwagen mit anderen erbeuteten Feldzeichen nach Rom schicken, wo er auf seinen Wunsch und zum Ärger des Papstes auf dem Kapitol aufgestellt wurde.

Friedrich stand auf dem Höhepunkt seiner Macht. In den Sendschreiben, die er an den Papst und an befreundete Fürsten schickte, klingt das Hochgefühl des Siegers, der sich mit den altrömischen Cäsaren zu vergleichen liebt, triumphierend durch. FELIX VICTOR AC TRIUMPHATOR wird jetzt für die kaiserliche Kanzlei ein stehender Titel, und auch die Geschichtsschreiber und Poeten überhäufen ihn mit Superlativen der Bewunderung. Der Rest der lombardischen Städte unterwarf sich, und selbst das stolze Mailand erklärte sich bereit, einen kaiserlichen Beamten als obersten Richter anzuerkennen und Geiseln zu stellen. «In diesem historischen Augenblick versagte der Staufer. Sein Haß gegen die Rebellen war stärker als die

Vernunft.»[77] Friedrich forderte, daß sich die Stadt mit allen Bürgern und Gütern ihm bedingungslos unterwerfe. Die Antwort der Mailänder lautete, sie fürchteten, durch die Erfahrung gewitzigt, seine Wildheit und wollten lieber durch Lanzen, Schwert oder Pfeile fallen als durch Henkershand, Hunger oder Feuer umkommen. – Aus der Rückschau durch die Jahrhunderte erscheint der Sieg von Cortenuova als die Peripetie im Schicksal des Staufers.

Mit Mailand setzten noch fünf andere Städte, Alessandria, Brescia, Piacenza, Bologna und Faenza, den Kampf fort. Der Kaiser sah sich zu außerordentlichen Anstrengungen gezwungen. Zunächst verlangte er von seinen sizilischen Untertanen *nicht ohne großes Bedauern* Sondersteuern in einem Schreiben, das eingangs einen Lobpreis Apuliens, das er von jeher besonders liebte, enthielt:

Zum glühenden Neide aller Völker, die . . . Uns unterstellt sind, leuchtet der Glanz Eurer Treue wie ein Stern und erhellt das ganze Erdenrund. Darum haben Wir Uns den Besitz des Königreichs Sizilien vor den anderen als eigen erkoren und den Wohnsitz im Königreich als besonderen Aufenthalt erwählt, so daß Wir, den des Caesartitels Glanz umstrahlt, es dennoch nicht für unrühmlich erachten, einer aus Apulien zu heißen und so lange gleichsam außerhalb des eigenen Hauses zu wandeln glauben, wie Wir, von den Fluten des Reiches überallhin gerufen, fern von den Höfen und Häfen Siziliens weilen. So sehr Uns aber der Landschaft ungemeine Lieblichkeit bewegt, die alle irdische Süße übertrifft, gleichsam zwischen Dornengestrüpp ein Lustgarten und in den Bedrängnissen der Welt eine Zuflucht, so führt Uns doch am meisten dies dahin, daß Wir Unsere Wünsche immer mit Euren eins gefunden haben und Ihr in allem Willen und Unwillen so fühlt wie Wir. Uns entging nicht, wenn Wir bisweilen unter ernsten Zeichen fast in den Abgrund der Not hinabstiegen, wenn Wir alsdann zu den Gipfeln des Gedeihens, vom Glücke erhoben, emporstiegen, daß Wir Unser Apulien immer Unsere Nöte mitfühlend und Unsere Freuden mitgenießend gefunden haben . . . Das alles gewährt Uns billige und zwingende Anrechte darauf, daß Wir nun – um einen gewaltigen Sieg über Unsere Rebellen zu erringen in einem Feldzug, dessen Beendigung Uns den Lorbeer der Schlacht und Euch und Euren Nachkommen für Euer Mühen die Ruhe bringt – nicht ohne großes Bedauern die Unterstützung durch Eure Steuern verlangen.[78]

Sodann appellierte der Kaiser an die Solidarität aller befreundeten Fürsten, wobei er den Kampf gegen die Ketzer, wie er die lombardischen Rebellen stets nannte, zur gemeinsamen Sache aller Monarchen erklärte. So heißt es in einem Schreiben an König Béla IV. von Ungarn:

Wenn also der kaiserliche Arm durch der Könige Macht gestärkt wird, wenn zu gemeinsamer Hilfe mancherlei Bande die Fürsten verpflichten und sie aus freiem Willen zusammenwirken: dann weicht von den Untergebenen jeder Mut zum Aufruhr und die Verschwörungen der Völker hören auf, welche in Teilen Italiens so anwuchsen, daß die Rebellen, schnitte und risse sie Unsere Kraft nicht an der Wurzel aus, die Beispiele des Lasters vielfach nicht nur zu den Nachbarn, sondern in die fernsten und entlegensten Gegenden ausströmen ließen.[79]

Fast alle Fürsten kamen dem Ersuchen nach, so daß der Kaiser außer der eigenen Streitmacht über Hilfstruppen aus Italien, Burgund, Frankreich, England, Ungarn, Griechenland und Ägypten verfügte. Trotzdem blieb der Erfolg aus. Brescia, gegen das er sich zunächst wandte, hielt der Belagerung stand. Wochenlang wurde mit äußerster Grausamkeit gekämpft. Um sich gegen die feindlichen Wurfgeschosse zu schützen, ließ Friedrich Gefangene an die Belagerungsmaschinen binden, aber die Bürger von Brescia stellten den Kampf nicht ein und rächten sich an den gefangenen Kriegern des kaiserlichen Heeres. Als im kaiserlichen Lager, das unter schweren Unwettern litt, eine Seuche ausbrach, mußte nach zwei Monaten die Belagerung abgebrochen werden.

Nicht nur für die Lombarden, auch für den Papst war der Mißerfolg des Kaisers das Signal, zum Gegenangriff überzugehen. Im Sommer 1238 hatte Gregor IX. noch einmal seine Vermittlung zwischen den streitenden Parteien angeboten, aber Friedrich bezweifelte, wohl zu Recht, die Ehrlichkeit seiner Bemühungen, wenn er erwiderte: *Das Schreiben Eurer Väterlichkeit, das von Uns forderte, dem Überbringer Glauben zu schenken, haben Wir in kindlicher Aufrichtigkeit zur Kenntnis genommen. Gerne hörten Wir aus Eurem Munde, daß Uns von Euch die Herstellung von Frieden und Eintracht zwischen Uns und Unseren Empörern angeboten werde, da Wir im Glück nicht so übermütig werden, daß Wir Bitten Unser Gehör versagen wollen. Da sich aber darin der edle Zorn des Löwen zeigt, daß er den Gegnern nicht weicht, den Niedergeworfenen aber verzeiht und da zudem ... Unser Vorgehen den Empörern unzweifelhaft zu Bewußtsein gebracht hat, daß sie sich ... auf Gnade und Ungnade der kaiserlichen Milde ausliefern müßten, während durch Euren Boten die Friedensbedingungen nur höchst ungenau erklärt wurden, konnten Wir trotz eifrigem Nachdenken nicht herausfinden, was diese Botschaft eigentlich wollte, die weder eine Form noch einen Plan enthielt.[80]*

Mehr noch als durch diese beleidigend kühle Absage mußte sich der Papst durch die Tatsache beunruhigt fühlen, daß der Kaiser begann, sich unter dem römischen Stadtadel, in dem es kirchenfeindliche Strömungen gab, einen stattlichen Anhang zu verschaffen. Ob ihm dabei, wenn er von der Erneuerung der einstigen Größe Roms sprach, vorgeschwebt hat, Rom zur Hauptstadt des Imperiums zu machen – der Papst jedenfalls sah seine Herrschaft über die Ewige Stadt gefährdet. Dazu kam im Oktober 1238 eine weitere Brüskierung der Kirche durch den Kaiser. Friedrich vermählte seinen damals zwanzigjährigen natürlichen Sohn Enzio, der aus der Verbindung mit einer deutschen Adligen stammte und dem Vater sehr ähnlich, in Wuchs und Antlitz sein Ebenbild, gewesen sein soll, mit Adelasia, der Erbin zweier sardinischer Provinzen, und ernannte ihn zum König Sardiniens, das ein kirchliches Lehen war.

DER ANTICHRIST

Trotz seinem hohen Alter war Gregor IX. zum Endkampf mit dem Kaiser entschlossen, wie seine nächsten Aktionen zeigten. Er schickte einen erbitterten Feind Friedrichs, Gregor von Montelongo, als Legat in die Lombardei, um die kaiserfeindlichen Städte zu einem geschlossenen Block zusammenzuschließen. Daß Friedrich sie Rebellen und mit gewissem Recht auch Ketzer nennen konnte, war für ihn jetzt kein Hindernis mehr. Sodann brachte er ein Bündnis zwischen den rivalisierenden Republiken Venedig und Genua zustande, die die Küsten Siziliens von der See her bedrohen konnten. Schließlich ließ er in Rom, wo die Papstpartei wieder die Oberhand gewonnen hatte, eine Reihe ghibellinischer Adelspaläste mit ihren altrömischen Marmorwerken als Zeichen des Antichristen zerstören. Zwar versuchte der Kaiser, durch Verhandlungen Zeit zu gewinnen. Aber da Hermann von Salza auf den Tod erkrankt war, fehlte der bewährte Vermittler. Dem Kaiser wurde klar, daß ihm erneut der Bann drohte. So griff er zu massiver Warnung und zu dem Versuch, gegen den Papst die Kardinäle auszuspielen, an deren Kollegium er am 10. März 1239 von Padua aus schrieb:

Da Christus das Haupt der Kirche ist und seine Kirche mit der Berufung Petri auf einen Felsen gründete, setzte er Euch als Nachfolger der Apostel ein, damit, während Petrus an aller Statt diente, Ihr, die Ihr die Leuchter der Kirche über dem Berge seid, nicht unter dem Scheffel steht, sondern ... Euch der öffentlichen Stimme der Welt und dem gemeinsamen Gewissen nicht zu entziehen trachtet. Denn an allem, was der Inhaber des Stuhles Petri zu beschließen vorhat, steht Euch gleiche Teilhabe zu ... Wer sollte sich da nicht

101

verwundern, wer staunte nicht, daß ... der Inhaber des Thrones der allgemeinen Kirche – wäre er doch nur ein gerechter Richter! – unberaten vorgehen will und, brennend von persönlicher Verärgerung, gegen den Römischen Fürsten, den Beistand der Kirche, der zur Verbreitung des Evangeliums eingesetzt ist, den Spruch der Absetzung zu erlassen und zugunsten der lombardischen Empörer das geistliche Schwert zu ziehen beabsichtigt, und zwar, wenn das zu sagen erlaubt ist, höchst ungerechter Weise, wenn es überhaupt irgendeine von den vorgebrachten Bedrückungen der Kirchen gibt, die entweder erfunden sind oder auf Grund eines Einzelfalles verallgemeinert werden und deren Behebung entweder in Angriff genommen ist oder baldigst gebührend und einwandfrei vollzogen werden soll.

Deswegen bedauern Wir es nicht ohne Grund, wenn der Apostolische Vater Uns so schwer zu beleidigen beabsichtigt; denn, da ein so schweres Unrecht einen entschlossenen Mann trifft, erlaubt, selbst wenn Wir es geduldig ertragen wollten, die Ungeheuerlichkeit der Sache nicht, daß Uns das scharfe Vorgehen nicht zu der Rache, die die Caesaren zu üben pflegen, treibt ... Da aber weder er selber noch seine ganze Sippschaft es wert ist, daß des Reiches Gipfel rächend gegen sie vorgeht ... so bedrückt Uns die Beunruhigung, daß Wir, indem Wir Uns gegen den Verfolger verteidigen müssen, bei der Verteidigung die Widerstrebenden zu schwer zu treffen gezwungen sind, unbeschadet der Heiligkeit der Kirche, die Wir in heiligem Gehorsam und schuldiger Ehrerbietung mit dem Herzen und durch die Tat verehren.

Deshalb bitten Wir Eure verehrungswürdige Gemeinschaft, Ihr möget die Sinnesweise des höchsten Priesters ... in wohlüberlegter Mäßigung einschränken und die allgemeine Lage der Kirche sowie vor allem die Ruhe der Gemüter vor Ärgernissen bewahren. Denn obwohl Wir auf Euer aller Heil und Ehre gnädig bedacht sind, werden Wir nicht gleichmütig von der Verfolgung der Missetäter absehen können. Ja selbst wenn Wir dem Anführer nicht entgegentreten könnten, wäre es Uns gesetzlich erlaubt, das Unrecht, das Wir nicht verhindern können, mit Unrecht abzuwehren.[81]

Der Papst, durch dieses Schreiben unerträglich herausgefordert, wartete das Votum der Kardinäle, deren er vielleicht nicht sicher war, und den traditionellen Termin der Bannverkündung, den Gründonnerstag, nicht ab, sondern verhängte am Palmsonntag, den 20. März 1239, zum zweitenmal den Bann über den Kaiser.

«Wir exkommunizieren und anathematisieren» – so begann die Bannbulle, die zu jedem Hochamt bei Glockengeläut und brennenden Kerzen verlesen werden sollte – «aus der Machtvollkommenheit des

Vaters, des Sohnes und des Heiligen Geistes, der Apostel Petrus und Paulus und Unserer eigenen, Friedrich, den man Kaiser nennt, deswegen, weil er in der Stadt Rom gegen die Römische Kirche einen Aufstand angestiftet hat ... Wir exkommunizieren und anathematisieren ihn ferner ...»[82], und dann folgte eine Reihe von Anklagen und Beschuldigungen, die, in der Substanz oft angreifbar, ganz auf die Wirkung in der Öffentlichkeit abgestellt waren.

Friedrich befand sich mit großem Gefolge – der Chronist verzeichnet auch die Anwesenheit vieler schöner, kostbar gekleideter Damen und den Tierpark mit einem Elefanten, fünf Leoparden und zwanzig Kamelen – in Padua, als er nach einer Woche von der Exkommunikation erfuhr. Am Palmsonntag hatte er sich auf seinem Thronsitz heiter und freundlich dem Volk gezeigt und am Osterfest hatte er die Messe im Dom gehört. Am nächsten Tag erreichte ihn die Nachricht von dem Bannspruch. Er ließ daraufhin die Bürger ins Stadthaus rufen, und während sonst Peter von Vinea in seinem Namen sprach, ergriff er diesmal selbst das Wort, um gegen die Ungerechtigkeit des Papstes zu protestieren. Er begann mit den Versen Ovids: *Was wir verdient erdulden, mit Leichtigkeit wird es ertragen. Nur die Strafe bedrückt, die unverschuldet uns trifft.*

So unbekümmert er schien, entfaltete er sofort eine fieberhafte Tätigkeit und wandte sich in dröhnenden Manifesten und Flugschriften an die Großen der Welt. Die Antwort des Papstes war ein wilder Ausbruch, der alle Greuel der Apokalypse zur Schmähung des Kaisers heranzog. Die gigantische Auseinandersetzung zwischen den beiden Weltmächten war damit in ein Stadium getreten, das keine Versöhnung mehr zuließ.

«Es steigt aus dem Meer die Bestie voller Namen der Lästerung, die mit der Tatze des Bären und dem Maul des Löwen, an den übrigen Gliedern wie ein Leopard gestaltet, ihren Mund zu Lästerungen des göttlichen Namens öffnet und nicht aufhört, auf Gottes Zelt und die Heiligen in den Himmeln die gleichen Speere zu schleudern. Mit eisernen Krallen und Zähnen begehrt sie alles zu zermalmen und mit ihren Füßen die ganze Welt zu zerstampfen. Um die Mauer des katholischen Glaubens einzureißen, hat sie längst heimlich die Sturmböcke gerüstet, jetzt aber stellt sie offen ihre Kriegsmaschinen auf, baut sie seelenzerstörende ismaelitische Kampfmittel auf, und wider Christus, den Heiland des Menschengeschlechts, dessen Bundestafeln sie mit der Spachtel ketzerischer Verstocktheit zu verwischen sinnt, richtet sie, wie das Gerücht bezeugt, sich empor ... So hört denn alle auf zu erstaunen und damit ihr mit offener Wahrheit seinen Lügen widerstehen und seine Betrügereien mit dem Beweise der Reinheit widerlegen könnt, blicket Haupt, Mitte und Ende dieser Bestie Fried-

Die Hölle. Aus einem englischen Manuskript der Apokalypse. Anfang des 14. Jahrhunderts. Ganz links: die «Bestie». British Museum, London

rich, des so genannten Kaisers, an!»[83]

Die Entgegnung des Kaisers, nun nicht minder heftig, erfolgte sofort:

Zu Beginn der Erschaffung der Welt hat Gottes vorausschauende und unaussprechliche Fürsorge, an der fremder Rat keinen Teil hat, an die Feste des Himmels zwei Lichter gesetzt, ein größeres und ein kleineres: das größere, daß es den Tag regiere, das kleinere, daß es die Nacht regiere... Ebenso hat dieselbe ewige Vorsehung auf der Feste der Erde zwei Herrschaften haben wollen, Priestertum nämlich und Kaisertum, das eine zum Schutz, das andere zur Wehr, auf daß der Mensch, der allzu lange in seine zwei Elemente aufgelöst war, durch zwei Zäume gezügelt würde, und so Friede für den Erdkreis erstünde durch Eindämmung aller Ausschweifungen. Aber der da sitzt auf dem Stuhl der verkehrten Lehre, der Pharisäer, von seinen Genossen gesalbt mit dem Öle der Bosheit, der römische Priester unserer Zeit: er vermißt sich, sinnlos zu machen, was aus Nachahmung himmlischer

Ordnung niedergestiegen ist und glaubt vielleicht, so passe er zu den Dingen da oben, die von Naturgesetzen, nicht von Willkür gelenkt werden. Den Glanz Unserer Majestät sinnt er zu verdunkeln: denn mit zur Fabel verwandelter Wahrheit, voll von Lügen, ergehen Briefe in die verschiedenen Teile der Welt ... Denn er, der Papst bloß dem Namen nach, hat da geschrieben, Wir seien die Bestie, die aus dem Meere steigt, voll Namen der Lästerung, mit des Pardels Buntheit übermalt. Und Wir behaupten, er selbst sei jenes Ungetüm, von dem man liest: es ging heraus ein ander Pferd, ein rotes, aus dem Meere, und der darauf saß, nahm den Frieden von der Erde, daß die Lebenden sich untereinander erwürgten.

Denn seit der Zeit seiner Erhebung hat dieser Vater nicht der Barmherzigkeit, sondern der Zwistigkeit, der Verwüstung und nicht der Tröstung eifriger Verwalter, alle Welt zu Ärgernissen aufgewiegelt ... Es selbst ist der große Drache, der das ganze Erdrund verführt hat, der Antichrist, dessen Vorläufer Wir sein sollen. Er selbst ist ein anderer Balaam, um Geld gedungen, daß er Uns verfluche, Fürst unter den Fürsten der Finsternis, welche die Weissagungen mißbraucht haben. Er ist der Engel, welcher hervorspringt aus dem Abgrund, welcher Schalen hält voll Bitterkeit, daß er dem Meere und dem Lande schade ... Und weil das Unrecht nicht vorübergehend ist, das Unserer Majestät beständig zugefügt wird, so werden Wir zur Vergeltung gezwungen ... Ihr aber achtet auf die Folgen der Dinge nach den vorhergegangenen Ursachen! Andernfalls wird hier und dort das Land fühlen, wie gegen den Verfolger und die ihm anhängenden Fürsten und Förderer der Augustus vorgeht und wie er mit dem Schwerte caesarische Rache übt.[84]

Zugleich wandte Friedrich sich an die Könige Europas als die Schützer des wahren Glaubens: *Ihr aber, geliebte Fürsten, beklagt nicht allein Uns, sondern auch die Kirche, die da ist aller Gläubigen Gemeinschaft: denn ihr Haupt ist schwach, ihr Herr gleichsam ein brüllender Löwe, ein Wahnwitziger ihr Prophet, ein Ungläubiger ihr Gatte, ein Besudler des Heiligsten ihr Priester, der unrecht handelt wider das Gesetz. Vor den übrigen Fürsten der Welt müssen Wir eines solchen Hohepriesters Vergehen mit Recht beweinen ... Unablässig und dringend fordern Wir Euch auf, Geliebte, Unsere Schmach als Unrecht auch gegen Euch zu begreifen. Eilt zu Euren Häusern mit Wasser, wenn im Nachbarhaus Feuer ausbricht!* [85]

Die Warnung an die Fürsten, ihnen könne gleiches geschehen, wird in dem Manifest mit dem Vorwurf begründet, der Papst mache – was zutraf – gemeinsame Sache mit den lombardischen Ketzern, sei also selbst ein Ketzer. Die Bemühungen weltlicher und geistlicher Herren, Gregor IX. zur Lösung des Bannes zu bewegen, scheiterten an dessen Unerbittlichkeit, zu der greisenhafter Starrsinn beigetragen haben mag. In seinem Bestreben, den Kaiser als apokalyptisches Untier hinzustellen, scheute er vor den schlimmsten Verleumdungen nicht zurück; so verdächtigte er ihn, bei Antritt der Kreuzfahrt in Brindisi den Landgrafen Ludwig von Thüringen vergiftet zu haben.

Die Verwirrung in der Christenheit, die Maßlosigkeit der gegenseitigen propagandistischen Verteufelungen lassen sich nur aus der Stimmung der Zeit verstehen. Seit im 12. Jahrhundert der Abt Joachim von Fiore prophezeit hatte, im Jahre 1260 werde nach einem Regiment des Antichristen das Zeitalter des Heiligen Geistes anbrechen, waren mystische Endzeiterwartungen allerorts rege. Sahen die einen im Kaiser den Antichristen, so war er für die anderen der vom Papst zu Unrecht gebannte Schirmherr der Kirche, der messianische Friedensfürst, von Gott gesandt, um die verderbte Kirche mit harter Faust in den Heilszustand zurückzuführen. Daß Friedrich das Amt des Weltenrichters und Heilsbringers, als die er in einer Flugschrift hingestellt wurde, kaum verhüllt annahm, zeigt unter anderem ein Brief an seine Geburtsstadt Jesi, in dem er sich in nicht mehr zu überbietender Selbstverherrlichung mit dem erwarteten Erlöser und Befreier identifizierte:

Nach dem Zuge Unserer Natur werden Wir geführt und gehalten, Jesi, die adlige Stadt der Mark, Unseres Ursprungs erlauchten Beginn, wo Unsere göttliche Mutter Uns zum Licht gebracht hat, wo Unsere Wiege geschimmert hat, mit inniger Liebe zu umfangen . . . Bist du doch, Bethlehem, Stadt der Marken, nicht die kleinste unter Unseres Geschlechtes Fürsten: denn aus dir ist der Herzog hervorgegangen, des Römischen Reiches Fürst, der über dein Volk herrsche und es schütze und nicht gestatte, daß es fürder fremden Händen untertan sei. Steh denn auf, erste Mutter, und schüttle das fremde Joch ab! Denn es erbarmt Uns eure Beschwernis und die der anderen Getreuen, und Wir haben beschlossen, euch und sie, in der Mark wie im Herzogtum Spoleto, vom Druck des Beleidigers zu befreien. Weil er es wegen offenbarer Undankbarkeit so verdient, wollen Wir euch vom Eide entbinden, den ihr der Kirche unter Wahrung des kaiserlichen Rechtes geleistet habt . . .[86]

Sofort nach dem Bannspruch hatte Friedrich mit höchster Aktivität, Tag und Nacht arbeitend, begonnen, sich für einen Kriegsfall mit den Päpstlichen zu rüsten. Die Verwaltung Siziliens wurde noch straffer vereinheitlicht, eine Grenzsperre errichtet, die Einreisenden brauchten einen Paß, Schiffe durften nur bestimmte Häfen anlaufen und wurden peinlich durchsucht. Die Bettelmönche, die meist im Dienst der päpstlichen Propaganda standen, wurden ausgewiesen,

*Staufischer Kaiseradler am Castel Rocca Ursino, Catania (Sizilien).
Von Friedrich II. nach 1239 erbaut*

Der Antichrist auf Satans Schoß.
Hortus Deliciarum, Ende des 12. Jahrhunderts.
Ehem. Straßburg, Stadtbibliothek

kein Geistlicher durfte ohne besondere Genehmigung nach Rom reisen. Die Kleriker wurden angewiesen, trotz dem Bann Gottesdienste abzuhalten; weigerten sie sich, verloren sie ihren weltlichen Besitz. Zugleich wurden neue Bischöfe eingesetzt. Die Einwohner wurden zur Denunziation angehalten, und die Sippenhaft wurde legalisiert, so daß, wenn die für schuldig Befundenen nicht zu greifen waren, ihre Angehörigen hafteten. Der Kaiser rühmte sich, daß er am Großhof in Lodi alles erfahre, was im Königreich geschehe.

Des weiteren wurden die Küstenkastelle stark bemannt, neue Kastelle in Bari, Trani, Otranto errichtet. In ganz Reichsitalien wurden Generalkapitäne und Provinzstatthalter eingesetzt, fast alle waren kaiserliche Prinzen, Schwiegersöhne oder andere Verwandte, über die König Enzio als Vertreter des Kaisers waltete. Das Südreich und Italien waren nahezu in eine Festung verwandelt, die Untertanen stöhnten unter dem apulischen Joch.

Das alles erforderte natürlich ungeheure Geldmittel, die durch neue Steuern und Anleihen aufgebracht wurden und zur finanziellen Auszehrung des reichen Sizilien führten. Die päpstliche Enklave Benevent wurde blockiert. *Mögen sie vor Hunger zugrunde gehen und verrecken in ihrer pestbringenden Freiheit, die sie sich selbst gewählt haben.*[87] 1241 wurde dann die Stadt völlig zerstört.

Bezeichnend für die außerordentliche Schaffenskraft Friedrichs ist es, daß er in diesen Monaten angestrengtester Arbeit noch Zeit fand, sich mit architektonischen Entwürfen, Verordnungen für die Universität Neapel, mit Dingen der Pferde- und Falkenzucht zu befassen.

In seiner Propaganda unterschied er scharf zwischen der Kirche und der Person Gregors IX., dem er unter heftigen Angriffen die Befugnis zum Richteramt absprach: *Die gemeinsame Kirche, die Könige und Fürsten und das christliche Volk mögen sich nicht wundern, wenn Wir den Bannspruch eines solchen Richters nicht fürchten: nicht aus Verachtung des päpstlichen Amtes oder der Apostolischen Würde, der alle Bekenner des rechten Glaubens und Wir besonders vor allen Übrigen Ergebenheit bezeugen, sondern weil Wir die Verworfenheit der Person anklagen, die sich eines so erhabenen Thrones unwürdig gezeigt hat.*[88]

Nachdem Friedrich in der Lombardei und der Romagna eine Reihe militärischer Erfolge erzielt hatte, rückte er im Januar 1240 in den Norden des Kirchenstaates ein, auch dort von den meisten Städten jubelnd begrüßt. Für die Anhänger des Papstes war sein Vorgehen eine Blasphemie. Will man dem Bericht eines der ihren glauben, so ließ er, «der Feind des Kreuzes, das Kreuz vor sich her tragen . . . und erdreistete sich schamlos, die von der Kirche Verworfenen zu segnen, indem er alle mit seiner gottlosen Rechten weihte»[89].

Vieles deutet darauf hin, daß der Kaiser die Erneuerung des augusteischen Imperium Romanum plante. In Rom, das er fast ganz eingekreist hatte, und wo er über viele Anhänger, auch unter den Kardinälen, verfügte, konnte er nur als Friedensfürst, nicht als Eroberer einziehen. Die Lage der Kurie schien hoffnungslos zu sein. Aber dem uralten Papst gelang es, bei einer Prozession am Tage vor Petri Stuhlfeier in einer dramatischen Szene die Römer, die ihn zunächst verhöhnt hatten, mit einem Schlage umzustimmen. In Weihrauch gehüllt, nahm er die Tiara ab und setzte sie auf den Reliquienschrein mit den Häuptern der Apostel Petrus und Paulus mit

Friedrichs II. Manifest an die deutschen Reichsfürsten, 1239

den Worten: «Ihr, Heilige, verteidigt Rom, wenn die Römer es nicht mehr schützen wollen!» In einer jähen Ergriffenheit riß sich das Volk die Kaiseradler von den Kleidern und wandte sich gegen den Antichristen. – Friedrich zog an der Ewigen Stadt vorbei nach Apulien. In Viterbo, wo viele gegen ihn das Kreuz genommen hatten, ließ er seine «grausame Wut» aus: «Den einen wurde ein Kreuz auf die Stirn gebrannt, anderen die Hände oder Ohren oder die Nase abgeschnitten, andere lebendig verbrannt oder sogar gekreuzigt.»[90]

In Sizilien, dem er fünf Jahre fern geblieben war, hielt es ihn nicht lange. Nachdem er von einer Krankheit, *die Wir durch die Kraft des Geistes besiegten*[91], genesen war, marschierte er schon im Frühsommer wieder gegen den Kirchenstaat. Einen Angriff auf Rom unterließ er schon deshalb, weil er die Verhandlungen nicht stören wollte, die einige deutsche Fürsten mit dem Papst begonnen hatten. So zog er nach Norden, wo er Ravenna in Kürze einnahm, aber Faenza, durch das Bologna gedeckt wurde, monatelang vergeblich belagerte. In seiner Erbitterung darüber, daß die Venezianer sich anschickten, den Einwohnern von Faenza zu Hilfe zu kommen, ließ er den bei Cortenuova gefangenen Dogensohn Pietro Tiepolo in einen Ledersack nähen und an den Galgen hängen. Als die ausgehungerten Faentiner endlich kapitulierten und Treue schworen, verzichtete Friedrich diesmal auf Vergeltung und verfuhr gnädig mit den Besiegten.

Inzwischen war eine Verständigung zwischen den beiden Universalmächten notwendiger als je geworden, um die größte Bedrohung, der das Abendland je ausgesetzt war, abzuwehren. Unter Batu, dem Enkel Dschingis-Khans, waren die Mongolen, nachdem sie bei Liegnitz ein deutsch-polnisches Heer von angeblich 30 000 Mann niedergemetzelt hatten, bis an die Tore Wiens vorgestoßen. In Manifesten an alle Herrscher Europas rief Friedrich zur Einigkeit und zu gemeinsamem Vorgehen auf:

Wir hoffen, im Herrn Jesus Christus, unter dessen Führung Wir bisher über Unsere Feinde triumphiert haben, daß auch diese, die aus dem Abgrund des Tartarus hervorgebrochen sind, nachdem sie die Kräfte des Abendlandes kennen ... in ihren Tartarus hinabgestürzt werden. Und nicht ungestraft werden sie sich rühmen, so viele Länder durchzogen, so viele Völker besiegt, so viele Schandtaten begangen zu haben, wenn ihr unvorsichtiges Schicksal oder vielmehr Satan selbst sie zu den siegreichen Adlern des mächtigen kaiserlichen Europas in den Untergang geführt haben wird.[92]

Die Kirche lehnte trotzdem jeden Friedensschluß ab. Der Kaiser sah sich dadurch außerstande, Italien zu verlassen: *Denn es steigt das schmerzliche Bild eines vergangenen Geschehens auf, wie einst*

Kastel in Bari (Apulien), 1233 bis 1239 erbaut

während Unserer Fahrt zur Stützung des Heiligen Landes und Stürzung der Sarazenen, die nicht weniger unseren Glauben verfolgen als die Tataren, dieser Unser liebster Vater ... in Unser Königreich Sizilien – während Wir jenseits des Meeres tätig waren! – gewaltsam einbrach und durch seine Legaten allen Gläubigen verbot, Uns eben in der Sache des Gekreuzigten Hilfe zu bringen.[93]

Die Gefahr, daß das Abendland von den Mongolen überschwemmt werde, wurde durch deren plötzlichen Rückzug nach Asien abgewendet. Der Kaiser konnte sich wieder seinem Plan einer Weltmonarchie

Kastel in Trani (Apulien), 1233 bis 1249 erbaut

zuwenden. Jedoch zerschlugen sich die Verhandlungen mit dem Papst endgültig, weil dieser in einen Friedensschluß die lombardischen Städte, die Erzfeinde des Kaisers, einbeziehen wollte. Noch während der Belagerung Faenzas hatte der Papst ein allgemeines Konzil in Rom einberufen. In einem Schreiben an die Könige des Abendlandes griff Friedrich den Inhaber des Apostolischen Stuhles mit heftigen Worten an:

Höret die Verschlagenheit seiner List, beachtet die von jeder Wahrheit entfernten Zeichen! Während er so tut, als wolle er Frieden mit Uns haben, erweckt er in Uns die Hoffnung auf eine Einigung, damit die Lombarden während des Waffenstillstands sich wieder erholen und später desto leichter gegen Uns rebellieren können.

Und damit Ihr Euch durch den Augenschein überzeugt, daß er das Konzil mehr um des Streites als um des Friedens willen beruft, so betrachtet die Form der Zusammenberufung, in der überhaupt nichts von einem zukünftigen Friedensschluß steht und nur wegen «großer und dringender Angelegenheiten der Römischen Kirche» die Anwesenheit der Berufenen als geboten bezeichnet wird ... Wie offenbar aber auch die Beweise der Hinterlist sind, mit denen dieser Römische Priester Unsere Gutgläubigkeit zu hintergehen geglaubt hat, so meinten Wir dennoch dem genannten Bischof antworten zu müssen, daß Wir mit der hochheiligen Römischen Kirche, Unserer Mutter, keinerlei Zwist haben, aber das Recht Unseres Kaisertums gegen den Angriff dieses Römischen Priesters verteidigen und das Unrecht zurückweisen ... Die Lombarden aber, die sich gegen Unsere Herrlichkeit erheben, werden Wir von dem Waffenstillstand, wie Wir es immer getan haben, so auch für alle künftigen Zeiten ausschließen. Auch werden Wir, solange die Feindschaft zwischen Uns und ihm währt, nicht gestatten, daß eine Kirchenversammlung von ihm, als einem öffentlichen Reichsfeinde, berufen wird, besonders weil Wir es als schmachvoll betrachten, eine Sache Unserer weltlichen Macht einem geistlichen Gerichtshofe oder einem Konzilsurteil zu unterwerfen.

Wir versagen also allen zu dieser Versammlung Berufenen in dem Unserer Rechtsprechung unterworfenen Gebiet für ihre Person wie für ihre Habe jegliche Sicherheit.[94]

Die drohenden Warnungen waren ernst gemeint. Friedrich mußte mit allen Mitteln das Zustandekommen des Konzils verhindern, denn er konnte nicht im Zweifel darüber sein, daß es auf seine Absetzung zielte. Durch den Befehl, in allen Ländern des Imperiums die Straßen für die Konzilbesucher zu sperren, schloß er die Deutschen, Italiener und Sizilier von vornherein von der Teilnahme aus. Ferner ließ er die sizilische Flotte, die er seit Jahren zu einer starken Seemacht ausgebaut hatte, bemannen und fahrbereit machen, um den französischen, spanischen und lombardischen Klerikern, die sich in Genua nach Civitavecchia eingeschifft hatten, die Seewege zu sperren.

Am 3. Mai 1241 wurden die genuesischen Schiffe mit den Konzilsteilnehmern zwischen den Inseln Monte Christo und Giglio, südöstlich von Elba, von der sizilisch-pisanischen Flotte angegriffen und nach kurzem Kampf überwältigt. Nur drei Galeeren konnten entkommen, drei weitere sanken mit ihrer gesamten Besatzung, 22

Schiffe wurden erbeutet und dabei 4000 Mann, darunter drei päpstliche Legaten und über hundert hohe Geistliche, gefangengenommen. Nur die französischen Prälaten gab der Kaiser auf Ersuchen
König Ludwigs frei, die anderen wurden in apulische Kerker ver-
schickt, wo sie als wertvolle Pfänder in strenger Haft gehalten wurden.

So vollständig der militärische Sieg des Kaisers war, den er ein
Gottesurteil nannte, brachte er ihm politisch keinen Gewinn. Die
Gefangenhaltung so vieler Kirchenfürsten erschien den Zeitgenossen so ungeheuerlich und frevelhaft, daß viele darin das Werk des
Antichristen sahen. Auch Friedrichs Hoffnung, durch eine Freilassung der Prälaten den Papst zum Einlenken zu bewegen, erwies sich
als irrig. Obwohl die Gefangenen selbst darum baten, blieb der schon
vom Tode gezeichnete Greis unbeugsam entschlossen, den Kampf
fortzusetzen. So sehr ihn die Gedanken an seine leidenden Glaubens-
brüder gequält haben mögen – in der Leidenschaft des Hasses stand
er dem Kaiser nicht nach. – Am 22. August starb, angeblich hun-
dertjährig, Papst Gregor IX.

So sollte er, schrieb Friedrich auf die Nachricht vom Tode seines
unversöhnlichsten Gegners, *der es ablehnte, Frieden und Verhandlungen zum Frieden aufzunehmen, der nur auf universale Entzwei-
ung trachtete, die Grenzen des rächenden Monats August nicht
mehr erreichen, er, der den Augustus zu beleidigen sich erkühnte.
Wahrlich, er ist tot, durch den der Erde der Friede fehlte!* 95 Der
Kaiser, der zu dieser Zeit Rom umzingelt hatte, mußte seine Truppen
abziehen, galt doch sein Kampf, wie er stets betont hatte, nicht der
Kirche, sondern allein der Person des Papstes.

Die Wahl des neuen Papstes fand unter schwierigen Umständen
statt, da das Kardinalskollegium in eine Friedens- und eine Kriegspartei gespalten war. Senator von Rom war damals Matteo Rosso
Orsini, ein fanatischer Feind des Kaisers. Er ließ die Kardinäle von
seinen Leuten mit Fußtritten und Faustschlägen in das Septizonium
des Severus, eine Palastruine auf dem Palatin, treiben und in einem
einzigen Raum einsperren. So wurde der Wahlgang zum ersten Konklave im wörtlichen Sinn. Die Hitze des römischen August, schau-
derhafte hygienische Zustände, Fehlen jeder ärztlichen Hilfe hatten
zur Folge, daß fast alle Kardinäle erkrankten und drei von ihnen
starben. Als nach zwei Monaten das vierte Opfer, der englische
Kardinal Robert von Somercote, sterbend auf das Dach der Turm-
ruine geschleppt wurde, damit er dort unter dem Hohn der Soldaten
seine Notdurft verrichte, einigten sich die übrigen auf den Mailänder
Gottfried von Sabina als neuen Papst. Durch die in dem schreck-
lichen Konklave ausgestandenen Leiden schwer erkrankt, starb

Coelestin IV. siebzehn Tage nach seiner Wahl.

Aus Furcht vor einem neuen Konklave flohen einige Kardinäle aus Rom. Zwei andere waren noch in der Gefangenschaft des Kaisers. Den stauferfreundlichen Johann Colonna ließ Orsini einkerkern. Bei solcher Zersplitterung des Kollegiums war eine Einigung noch schwerer geworden als zuvor. So schleppte sich die Sedisvakanz über ein Jahr lang hin, zum Unwillen der Bevölkerung, die in Spottliedern vorschlug, man solle um die Tiara würfeln. Endlich wurde am 25. Juni 1243 der Genuese Sinibaldo Fiesco, der den Namen Innozenz IV. annahm, zum Papst gewählt.

Schon am nächsten Tag ließ der Kaiser durch eine Gesandtschaft, der auch der Großhofrichter Peter von Vinea angehörte, den neuen Papst beglückwünschen:

Eure Erhöhung erfüllte Uns mit um so größerer Freude, als Wir, da Uns durch die Wahl ein neuer Vater gegeben wurde, Uns des süßen Namens eines Sohnes von neuem erfreuen zu können glauben in der Hoffnung, daß dem väterlichen Namen das Zeichen frommer Fürsorge zukomme, und so dem erwartungsvollen Sohne, der seit langem geradezu stiefmütterliches Unrecht ausstehen mußte, die Mutter Kirche mit Recht sage: «Sohn, siehe Deinen Vater, in dessen Liebe der Sohn aufatmen wird!», worauf der Sohn antworte: «Vater, siehe Deinen Sohn ... in dessen Gehorsam Deine getreue Väterlichkeit ausruhen mag!»[96]

Wenig später schrieb er über den neuen Papst: *Da dieser einer von den adligsten Söhnen des Reiches ist und sich in Wort und Werk Uns stets wohlwollend und gefällig erzeigte, wird Unserem Throne durch seine Aufrichtigkeit volles Vertrauen gegeben, daß er den allgemeinen Frieden, die Wohlfahrt des Reiches und die Einigkeit Unserer Freundschaft in väterlicher Gesinnung pflegen wird ...*[97]

Zugleich ordnete Friedrich im Königreich Sizilien einen allgemeinen Dankgottesdienst an. Er war wohl ehrlich davon überzeugt, daß Innozenz IV. ihm den Frieden bringen würde. Nach vierzehnjährigem Streit brauchte er ihn um so mehr, als er ja stets beteuert hatte, sein Kampf gelte nur der Person Gregors, nicht der Kirche, deren Autorität in geistlichen Dingen er unbedingt anerkenne. Von Innozenz IV., der sich als Kardinal stets maßvoll verhalten hatte und dessen Angehörige ghibellinisch gesinnt waren, hoffte er die Lösung vom Bann zu erreichen. Wie sehr er sich in dem kalt-berechnenden Juristen getäuscht hatte, sollte sich bald zeigen und ihn nach seinen Worten zu der Erkenntnis bringen, daß er unter den Kardinälen einen Freund verloren, dafür aber einen Feind als Papst gewonnen habe.

Papst Innozenz IV.

Dabei bewies Friedrich bei den Verhandlungen, die er gerne persönlich geführt hätte, worauf sich aber der Papst nicht einließ, äußerstes Entgegenkommen. Er erklärte sich zu jeder Genugtuung bereit, zu Stiftungen, zur Fastenbuße, selbst zur Herausgabe des Kirchenstaates, dies zwar nur unter bestimmten Bedingungen. Allerdings hielt er seinen Standpunkt aufrecht, daß die Lombardenfrage nicht mit der Absolution verknüpft werden dürfe.

Von seiten des Papstes wurden die Verhandlungen hinauszögernd und undurchsichtig, wenn auch anfangs nicht feindselig, geführt. Eine Einigung schien nicht ausgeschlossen, als ein Zwischenfall die Unterhandlungen jäh unterbrach.

Unter den kaiserfeindlichen Kardinälen war Rainer von Viterbo, der «halb die Seele eines Priesters, halb die eines Generals besaß»[98], der wildeste. Ihm, der jeder Beilegung des Zwistes zwischen

dem Kaiser und dem Apostolischen Stuhl heftig widerstrebte, gelang
es, das bisher staufertreue Viterbo zum Abfall zu bewegen. Der
Kaiser eilte auf die Nachricht mit einer rasch gesammelten Streitmacht herbei, nach den Worten Rainers «wie eine Löwin, der man
ihr Junges genommen, wie eine Bärin, der man die Kinder geraubt...
Wie ein Wirbelwind von Mitternacht brausend eilte er, in das Feuer
des Zorns gehüllt, herbei zur Vernichtung der Stadt, wie ein Schnell-
läufer ohne allen königlichen Pomp. Er kam aber auf rotem Roß,
um der Erde den Frieden zu nehmen.»[99] Am Angriff auf die Stadt
nahm er selbst teil, sprang von seinem Pferd und stürmte, einen
viereckigen Schild ergreifend, seinen Soldaten voran. Indessen miß-
lang, obwohl Belagerungsmaschinen herbeigeführt worden waren,
auch ein zweiter Sturm auf die stark befestigte Stadt.

Dem Papst schien der Augenblick günstig, um die Verhandlungen
wiederaufzunehmen, und Friedrich, der eine lange Belagerung scheute,
zog seine Truppen ab, nachdem den in der Zitadelle eingeschlosse-
nen Kaiserlichen freier Abzug zugesagt worden war. Als aber die
Besatzung die Stadt verlassen wollte, fielen die Viterbesen über sie
her und metzelten die meisten nieder.

In tiefer Empörung über den Eidbruch schrieb Friedrich an den
Kardinal Otto von St. Nikolaus, der sich der verhetzten Menge vergeblich entgegengestellt hatte:

*Bisher hatten Wir beabsichtigt, die vielen und so schweren Be-
leidigungen, den Abfall von Viterbo, den Ihr kennt, mit kaiserlicher
Zurückhaltung und Bezähmung zu verschweigen, wenn auch fas-
sungslos vor soviel Unerhörtem und erschüttert durch die Ungeheuerlichkeit so vieler Kränkungen ... Eure unbestechliche Aufrichtigkeit antworte, welchen Ausgang der Dinge, welches Ziel Unserer Erwartungen Wir noch erhoffen können, wenn die Treue der
Menschen so vollständig verachtet wird, wenn die Scham abgewor-
fen, das Gewissen nicht gewahrt, wenn schließlich den väterlichen
Würden keine Ehre erwiesen wird! Welche Bande unter den Menschen sollen Wir noch suchen, mit wem sollen Wir über die Schlich-
tung eines so großen Zwistes, über den Zusammenbruch fast der
ganzen Erde verhandeln, nachdem das Versprechen eines heiligen
Legaten, ja sogar eines Kardinals – ein Name ehrwürdig unter den
Völkern! – jählings vergewaltigt wird?* [100]

Klingen hier noch Töne maßvoller Klugheit an, von der Friedrich
sich oft aus politischen Überlegungen leiten ließ, so wären die folgenden, ihm zugeschriebenen Worte bezeichnend für den wilden
Zorn und die dämonische Rachsucht, die aus ihm manchmal her-
vorbrachen: *... auch nach seinem Tode würden seine Gebeine nicht
Ruhe finden, ehe er nicht die Stadt zerstört habe, und stünde er*

*schon mit einem Fuß im Paradiese, würde er ihn zurückziehen, wenn
er an Viterbo Rache nehmen könne.*[101]

In einem Rundbrief an seine Anhänger, dessen Formulierungen
im Unterschied zu manchen Kanzleiverlautbarungen unzweifelhaft
von ihm persönlich geprägt sind, heißt es: *Allen insgesamt wie auch
jedem einzelnen tuen Wir Unseren unerschütterlichen Willen kund,
daß niemals, selbst wenn Unser Leben tausend Jahre währen sollte
und Wir tausend Jahre lang die Last des Kampfes mit dem Papst
tragen müßten, ein Weg zum Frieden oder zur Versöhnung gefunden
werden könnte, der Unseren Vorsatz umstoßen oder Unseren Sinn
erweichen könnte, das ganze Land, das Unserer Herrschaft unterstellt ist und das Wir als Erbe von Unserem Großvater und Unserem
Vater in Besitz haben, in Ruhe festzuhalten ... auf daß Unser
Reich jeglicher Gefahr eines Aufstands entgehe und sich dergestalt
in sich selbst festige.*[102]

Auf Drängen der deutschen Fürsten und durch Vermittlung König
Ludwigs IX. von Frankreich wurden die Friedensverhandlungen wie-
deraufgenommen, nachdem der Papst der Stadt Viterbo eine Geld-
buße auferlegt hatte – die von keinem anderen als dem Kardinal
Rainer eingezogen werden sollte. Ohne daß die eigentlichen Streit-
punkte eindeutig geklärt waren, kam es im März 1244 zu einem vor-
läufigen Friedensschluß. In öffentlicher Predigt nannte der Papst
den Kaiser einen ergebenen Sohn der Kirche und einen rechtgläubi-
gen katholischen Fürsten. Damit war aber weder die Lombardenfrage geklärt noch hatte Friedrich die Absolution erhalten. Entgegen
den vorherigen Abmachungen machte der Papst diese von einer vorherigen Räumung des Kirchenstaates abhängig. Beide Seiten warfen
einander Unredlichkeit und Vertragsbruch vor. Sicher ist, daß der
Papst zuletzt nur noch zum Schein verhandelte, da er insgeheim
Vorbereitungen für eine heimliche Flucht traf. Am 28. Juni floh er
in Verkleidung und ohne Wissen der meisten Kardinäle nach Civitavecchia und von dort im Schutz einer starken genuesischen Flotte
in seine Vaterstadt Genua, wo er von der Bevölkerung mit Glockengeläut und Jubel empfangen wurde.

Der Kaiser war sich sofort darüber im klaren, daß Innozenz IV.,
der sich nun als der arme, von den Nachstellungen seines tyranni-
schen Gegners gehetzte Verfolgte hinstellen konnte, sich durch seine Flucht einen propagandistisch auszuwertenden Vorteil verschafft
hatte. Betroffen und zornig erklärte er den Pisanern: *Als ich mit dem
Papste Schach spielte und meine Partie so stand, daß ich ihm Schach-
matt ansagen oder ihm wenigstens einen Turm nehmen konnte, kamen die Genuesen, fuhren mit ihren Händen über das Schachbrett
und warfen das ganze Spiel um.*[103]

Im Spätherbst 1244 verließ Innozenz IV. Genua und reiste nach Lyon weiter, das zwar nominell zum Imperium gehörte, wo er aber praktisch außerhalb der Reichweite Friedrichs war. Dorthin berief er für den Juni 1245 ein allgemeines Konzil, von dem über die Absetzung des Kaisers beschlossen werden sollte.

Schon vor der Flucht des Papstes hatte Friedrich seinen unbedingten Willen, zu einem Frieden mit der Kirche zu kommen, zu erkennen gegeben, indem er erklärte, sich in der Lombardenfrage dem Spruch des Papstes fügen zu wollen. In einem Rechenschaftsbericht an seine Verbündeten findet sich der erstaunliche Satz: *Um des hohen Gutes* (des Friedens nämlich) *steigen Wir tiefer hinab, als Wir je auf irgendeine Weise hinabzusteigen gedachten.*[104] Kam das schon einer Demütigung gleich, so ging der Kaiser jetzt noch einen Schritt weiter, der einer völligen Unterwerfung nahekam. Als nämlich in Europa bekannt wurde, daß Jerusalem von einem Turkvolk der Christenheit entrissen worden war, erklärte er sich bereit, einen dreijährigen Kreuzzug zu unternehmen und nur mit Bewilligung des Papstes, dem er außerdem die Rückgabe aller Kirchengüter versprach, zurückzukehren. Ja, er soll sogar daran gedacht haben, zugunsten König Konrads abzudanken und dauernd im Orient zu bleiben. Friedrich muß damals von einer in seinem ganzen Leben einmaligen, so tiefen Resignation erfaßt worden sein, daß man versucht ist, an eine persönliche Krise des Fünfzigjährigen zu denken.

Für den Papst hätte es kaum eine Möglichkeit gegeben, die Vorschläge und Angebote abzulehnen. Aber als der Kaiser in seinem ungestillten Haß gegen Viterbo sich unklugerweise verleiten ließ, die Umgebung der Stadt zu verwüsten, gab er seinem unversöhnlichsten Feind, dem Kardinal Rainer, den Vorwand für eine Reihe maßloser Schmähschriften gegen den «Antichristen». «Dieser Nimrod», heißt es da zum Beispiel, «rasender Jäger der Unzucht vor dem Herrn, der nur Worte der Lüge liebt, hat nur Ruchlose zu Dienern... Er höhnt den Bann, er verachtet die Schlüsselgewalt, er, der Tyrannei Fürst, der Umstürzer des kirchlichen Glaubens und Kults, der Vernichter der Satzungen, der Grausamkeit Meister, der Zeiten Verwandler, der Verwirrer des Erdrunds und Hammer der ganzen Kirche... Da er das freche Stirnhorn der Macht hat und einen Mund, der Ungeheuerlichkeiten herausbringt, so glaubt er, Gesetze und Zeiten verwandeln zu können, so daß die Wahrheit im Staube liege. Und deshalb schwatzte er gegen den Höchsten und stieß Schmähungen aus gegen Moses und Gott.»[105] Unter dem Eindruck solcher von wahnwitzigem Haß eingegebenen Flugschriften gewann die Kriegspartei im Klerus wieder die Oberhand.

So kam im Juni das Konzil zustande, zu dem freilich nur etwa

150 Prälaten, hauptsächlich aus England, Frankreich und Spanien, erschienen. Zwar erreichte Thaddäus von Suessa durch seine geschickte Verteidigung, in der er die Zuständigkeit des Konzils bestritt und sogar das persönliche Erscheinen des Kaisers anbot, einen Aufschub von zwei Wochen. Friedrich gab sich, als er davon hörte, keiner Täuschung hin: *Ich sehe es heller als den Tag, daß der Papst mit aller Anstrengung mein Verderben erstrebt. Denn ihn stachelt die Lust und Begierde, sich an Mir zu rächen . . . Um keiner anderen Ursache willen hat er die Kirchenversammlung berufen, aber dem heiligen Kaisertum geziemt es nicht, sich vor einem, noch dazu feindlichen, Synodalgericht zu stellen.*[106]

In der dritten Sitzung am 17. Juli verlas der Papst vor der Kirchenversammlung seine Anklagerede, in der er den Kaiser des Meineids, des Friedensbruchs, der Gotteslästerung und der Häresie bezichtigte. Häretiker sei er, weil er den Sarazenenfürsten in verabscheuenswürdiger Freundschaft verbunden sei, seine Gemahlinnen von Eunuchen bewachen lasse, sich der Sarazenen und anderer Ungläubiger gegen die Christen bediene, den Herzog Ludwig von Bayern durch Assassinen habe umbringen lassen, ein ausschweifendes Haremsleben führe, Kirchen zerstöre, Kleriker unterdrücke und mit alldem die Gebote der christlichen Religion dauernd verletze.

Sodann verkündete der Papst «allen zum Staunen und Schrecken» das Absetzungsdekret. «Ob der angeführten und vieler anderer abscheulicher Frevel . . . erklären Wir den besagten Fürsten, der sich des Kaisertums, der Königreiche und jeglicher Ehre und Würde so unwürdig gemacht hat . . . für einen Menschen, der von Gott in seinen Sünden verstrickt und verdammt und aller seiner Ehren und Würden vom Herrn beraubt ist, und entsetzen ihn durch Unseren Urteilsspruch. Alle, die ihm durch den Eid der Treue verpflichtet sind, lösen Wir für immer von diesem Eide und verbieten kraft apostolischer Vollmacht strengstens, daß in Zukunft irgend jemand ihm als König oder Kaiser gehorche . . . Über das Königreich Sizilien werden Wir mit dem Beirate Unserer Brüder so verfügen, wie Wir es für zweckmäßig halten.»[107] Thaddäus von Suessa, nur mit Mühe die Tränen zurückhaltend, schlug sich auf Brust und Schenkel und rief: «Das ist der Tag des Zornes, des Unglücks und des Elends!» Der Papst und die Prälaten löschten die Kerzen, die sie in den Händen trugen und verfluchten den Kaiser, der nicht mehr Kaiser genannt werden sollte.

HAMMER DER WELT

Mit Wut und Zorn nahm Friedrich die Nachricht entgegen. «Drohenden Blicks und mit furchtbarer Stimme» rief er: *Dieser Papst hat Mich auf seiner Kirchenversammlung abgesetzt ... Woher diese Frechheit? Woher ein so vermessenes Unterfangen? ... Noch habe Ich Meine Krone nicht verloren und werde sie weder durch die Anfeindung des Papstes noch durch den Beschluß der Kirchenversammlung verlieren ... Bisher mußte ich ihm einigermaßen gehorchen, wenigstens die Ehre geben, jetzt aber bin ich jeglicher Verpflichtung, ihn zu lieben, zu verehren und Frieden mit ihm zu halten, ledig ...*[108]

Der Endkampf zwischen Kaiser und Papst hatte begonnen. *Lange genug war ich Amboß, jetzt will Ich Hammer sein*[109], schrieb Friedrich an die Bürger von Parma und andere Verbündete. Sodann wandte er sich an die Könige und Fürsten Europas:

Wenn Wir auch, Unserem katholischen Glauben verpflichtet, offen einräumen, daß dem Inhaber des hochheiligen Römischen Stuhles vom Herrn die Vollmacht in geistlichen Dingen übertragen worden ist ... so liest man dennoch nirgends in einem göttlichen oder menschlichem Gesetze, daß es ihm zusteht, das Kaisertum nach Belieben zu übertragen oder über die zeitliche Bestrafung von Königen und Fürsten durch Beraubung ihrer Reiche zu urteilen ... Es scheint also dieser Spruch allzu leidenschaftlich und übertrieben, durch den d e r lächerlicherweise dem Gesetz unterworfen wird, der als Herrscher von allen Gesetzen ausgenommen ist, über den zeitliche Strafen zu verhängen nicht eines Menschen, sondern Gottes Sache ist, da er keinen zeitlichen Menschen über sich hat. Geistliche Strafen und kirchliche Bußen aber nehmen Wir selbstverständlich von dem höchsten Priester, den Wir in geistlichen Dingen als Unseren Herrn und Vater ansehen, wenn er selbst Uns in gebührender Achtung als Sohn anerkennt, ehrfürchtig an und erfüllen sie ergeben ... Es möge also Eure Achtsamkeit darauf sehen, ob Wir den genannten Spruch, der dem Rechte nach nichtig ist, und den Prozeß, der keiner ist, nicht nur zu Unserem als zu aller Könige und Fürsten Verderben anerkennen sollen. Sie möge auch das andere bedenken, was für ein Ende nach solchen Anfängen zu erwarten ist: bei Uns beginnt es, aber Ihr wißt, daß es bei Euch endet ... Verteidigt also Euer königliches Recht, indem Ihr Unsere Sache verteidigt.[110]

Mit solchen Appellen an die Solidarität der Großen des Abendlandes ließ es Friedrich nicht bewenden. In der Folge ging er zum Gegenangriff auf die Kirche über, der er in einem Manifest vom Februar 1246 Verweltlichung und unchristliche Habsucht vorwarf:

Immer war es Unseres Willens Absicht, die Geistlichen jeglichen

Ranges – und am meisten die höchsten – dahin zu führen, daß sie, wie sie in der Urkirche gewesen sind, als solche auch am Ende verharrten: das apostolische Leben führend, die meisterliche Demut nachahmend. Denn solche Geistlichen pflegten die Engel zu schauen, von Wundern zu schimmern, Kranke zu heilen, Tote zu erwecken und durch Heiligkeit, nicht durch Waffen Könige und Fürsten sich untertan zu machen. Diese dagegen, der Welt ergeben, von Genüssen trunken, setzen Gott hintan, und durch den Zustrom von Schätzen wird bei ihnen jede Religiosität erstickt. Solchen also diese schädlichen Schätze zu entziehen, mit denen sie sich fluchwürdig schmücken: das ist das Werk der Liebe. Darauf müßt Ihr und alle Fürsten mit Uns gemeinsam Euer Augenmerk richten, daß sie alles Überflüssige abtun und, mit mäßiger Habe zufrieden, Gott dienen.[111]

Bei seiner Kritik an der Kirche kam dem Kaiser eine seit der franziskanischen Lehre von der gottgewollten Armut der Geistlichkeit namentlich unter den niederen Klerikern weitverbreitete Stimmung entgegen. Ein Bettelmönch, der sich Bruder Arnold nannte, verkündete, ihm sei offenbart worden, daß der Papst der Antichrist sei, und in Schwäbisch Hall und anderwärts beteten Wanderprediger öffentlich für den Kaiser, der den wahren christlichen Glauben wiederherstelle. Herbeizuführen, was zweieinhalb Jahrhunderte später durch die Reformation bewirkt wurde, dürfte Friedrich weder für möglich noch für wünschbar gehalten haben; zu seiner Vorstellung vom Weltimperium gehörte – und sei es als Gegenspieler – die Weltkirche.

Deutschland war bis zum Konzil von Lyon ziemlich unberührt von dem großen Konflikt der beiden Universalmächte geblieben. Jetzt ging der Papst mit allen Mitteln auf die Zersetzung des kaisertreuen Klerus aus. Er setzte viele Erzbischöfe und Bischöfe ab und ernannte ihm ergebene Nachfolger. Die von stauferfreundlichen Bischöfen verwalteten Diözesen belegte er mit dem Interdikt, so daß in ihnen jahrelang keine Gottesdienste, keine Trauungen, Taufen, Leichenbegängnisse abgehalten werden durften. Durch Verteilung von Kirchengütern und Einführung des später so berüchtigten Ablaßhandels gewann er weitere Anhänger. Als dann noch aus politischen Gründen die mächtigen Erzbischöfe von Köln und Mainz zu ihm übergingen, war der deutsche Klerus zum größten Teil in seiner Hand.

Auch bei einem – allerdings kleinen – Teil der weltlichen Fürsten gewann er durch Bestechung und Verrat Unterstützung. Am 22. Mai 1246 wurde der Landgraf Heinrich Raspe von Thüringen, der für die Annahme der Krone vom Papst 25 000 Mark Silber er-

Friedrich II. Büste in Barletta, Museo Comunale

hielt, zum Gegenkönig gewählt. Es gelang ihm, das Heer des Stauferkönigs Konrad IV. bei Frankfurt entscheidend zu schlagen, aber der rex clericorum, wie ihn das Volk spottend nannte, starb bereits im Februar 1247, und die Herrschaft des neuen Gegenkönigs, des Grafen Wilhelm von Holland, konnte sich nur in Teilen der rheinischen Gebiete durchsetzen. Trotz der verlorenen Schlacht hatte sich Konrads Stellung durch seine Heirat mit Elisabeth, der Tochter Ottos von Bayern, gefestigt, und da wenig später der Herzog von Österreich starb und Friedrich sein Land und die Steiermark als Reichslehen einzog, war für die Stauferfeinde der Weg nach Italien gesperrt.

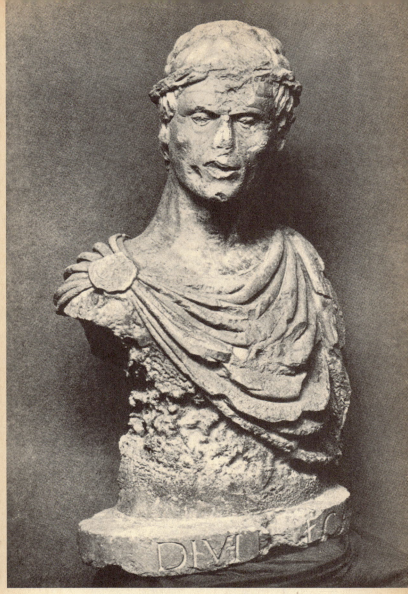

Die Büste in Barletta, mit Resten der Inschrift, die auf Friedrich II. weist

Erzbischof Siegfried von Eppstein krönt Heinrich Raspe von Thüringen und Wilhelm von Holland. Relief im Dom zu Mainz

Schwieriger gestaltete sich der Kampf, den die Kurie in Reichsitalien und Sizilien gegen den Kaiser entfachte. Hier erreichten sowohl die Machenschaften und Wühlereien der Kirche wie die Grausamkeit und Tyrannei des Kaisers ihren furchtbaren Höhepunkt. An List, Tücke und Gewalt stand keine Seite der anderen nach. Es kam so weit, daß – ein einzigartiger Fall – der Papst die Ermordung des Kaisers plante, den er als den Inbegriff alles Bösen, den Verwirrer der Völker, den Urheber zahlloser Blasphemien brandmarkte.

Das schon früher gelegentlich gezeigte Mißtrauen des Kaisers steigerte sich zu ständigem Argwohn, als im Frühjahr 1246 eine Verschwörung gegen ihn entdeckt wurde, an der mehrere seiner Vertrauten beteiligt waren, an ihrer Spitze der Generalvikar Tibald Franciscus. Die Rädelsführer, die die Ermordung Friedrichs und Enzios geplant hatten, retteten sich zunächst in das über Paestum gelegene Felsenkastell Capaccio, das aber auf die Dauer den Wurfmaschinen der kaiserlichen Truppen nicht standhielt. Zur Überraschung des Kaisers gaben sich ihm auch die Häupter der Verschwörung lebend in die Hand. Die Rache, die er an den «Vatermördern» nahm, war furchtbar. Sie wurden mit glühenden Eisen geblendet, verstümmelt, zu Tode geschleift, gehängt oder in Säcken eingenäht ins Meer geworfen. Tibald wurde, geblendet und verstümmelt, von Stadt zu Stadt geschleift, *damit durch des Auges Anblick, der den menschlichen Sinnen mehr Eindruck macht als was durchs Ohr geht … kein Vergessen hinwegnehme, was ihr gesehen, und ihr des rechten Gerichtes Erinnerung für später bewahrt* [112]. An die Stirn war ihm eine päpstliche Bulle, die man bei ihm gefunden, gebunden als Hinweis auf den eigentlich Schuldigen: Innozenz IV.

Gegen den Papst erließ Friedrich ein Manifest, in dem er ihn für den Mordanschlag verantwortlich machte, *denn da er Unseren Tod als unzweifelhaft bevorstehend verkündet hat, wird er nicht leugnen können, daß er ihn angestiftet.* Zuvor geht er auf die vom Papst veranlaßte Wahl des thüringischen Landgrafen Heinrich Raspe zum König ein:

Schließlich hat Unser Oberhirt, um Uns einen Gegenkaiser und öffentlichen Widersacher aufzurichten, alle Könige und Fürsten der Welt selbst und durch Legaten und apostolische Briefe betrogen. Mit der Falschheit leerer Versprechungen sie ködernd, verhieß er leichtfertig einigen von ihnen, was er nicht geben konnte: das römische Kaisertum, das vom staufischen Hause sich abzuwenden seit langer Zeit verlernt hat, und Unsere Königreiche, durch das Blut Unserer Vorgänger erworben, durch ihre Grabmäler geweiht und durch ihre Bilder geziert. Und als er auf den lächerlichen Lärm seiner

Kundgebung hin, mit der er Uns auf dem Konzil von Lyon, seine Sichel in eine fremde Ernte einhauend, sowohl des Reichs wie des Königtums Sizilien für unwürdig erklärte, keinen zu so frechem Leichtsinn bereit fand ... da kaufte er um verschwenderischen Lohn im Herzen Unseres Hofhalts Verschwörer für Unseren Tod, damit so, wenn das Hindernis Unseres Lebens entfiel, zum erledigten Kaisertum — das freilich in Unserem geliebten Sohn Konrad, dem zum römischen König Gewählten, seinen rechtmäßigen Nachfolger besaß — die Gerufenen freudiger wie zu einer Hochzeit herzuträten. Und als er nun schon geschehen wähnte, was er gemäß dem Anschlag mit Unseren Vertrauten unzweifelhaft bevorstehend glaubte, setzte er den Landgrafen von Thüringen, aus Unserem Hause und Geschlecht ... auf irgendeine Bütte und richtete ihn zum König auf.[113]

Über der Tatsache, daß durch das geplante Attentat die wilde Rachsucht, die zu den finsteren Charakterzügen Friedrichs gehört, entfesselt wurde, darf man nicht übersehen, daß der Verrat von Männern, denen er vertraut hatte, auch echten Schmerz und aufrichtige Empörung in ihm wachrief. *Es würde Uns keine Freude machen,* schrieb er an Alfons X. von Kastilien, *das niederträchtige und zu jeder Zeit unerhörte Vorhaben noch einmal zu beschreiben. Wir handeln nicht ungerecht, wenn Wir die töten, die Uns auf üble Weise ermorden wollten; wenn Wir sie, die Wir in väterlicher Liebe wie Söhne aufzogen, vernichten, wenn Wir sie, die Wir als treulose Vatermörder bei ihren verwerflichen Anschlägen ertappten, in das nahe Meer werfen, auf daß sie lebend aller Elemente entbehren ...*[114]

Außerdem machen es die Chroniken der Zeit leicht, den Gegnern des Kaisers ähnliche Greuel nachzuweisen, Folterungen, Verstümmelungen und entsetzliche Erniedrigungen, denen Gefangene von Rang auf ihrem Weg zur Enthauptung oder zur Vierteilung unterworfen wurden.

Die Unzuverlässigkeit der italienischen Kommunen, in denen, vom Papst unterstützt, die Rebellion immer wieder ausbrach, trieb den Kaiser zu immer härteren Vergeltungs- und Vorsichtsmaßnahmen. Die Städte, in die er einzog, mußten Geiseln stellen, die in apulische Gefängnisse gebracht wurden und oft schon beim Verdacht eines Aufruhrs in ihrer Vaterstadt mit dem Leben büßten. Schrecklicher noch als der Kaiser wütete sein Schwiegersohn Ezzelino, ein skrupelloser Machtmensch, in Oberitalien, wo er sich wie ein Selbstherrscher aufführte. Das Cäsarisch-Böse Friedrichs erscheint in ihm, einem Vorläufer der Renaissanceherrscher vom Schlage des Cesare Borgia, ins Maßlose gesteigert und verzerrt. Er überlebte den gleichaltrigen Kaiser um neun Jahre und starb, in Feindeshand gefallen, durch Selbstmord, während sein Bruder Alberich auf allen vieren, einen Zaum im Gebiß, zur Hinrichtung kriechen mußte.

Das ewige Hin und Her, die fruchtlosen Kämpfe, durch die er doch den eigentlichen Gegner nicht stellen konnte, riefen damals in Friedrich die sehnsüchtige Erinnerung an den Orient hervor. In einem ungewöhnlich persönlich gehaltenen Brief an seinen Schwiegersohn, den griechischen Kaiser Vatatzes (er hatte ihn mit seiner natürlichen Tochter Konstanze, die aus der Verbindung mit der wegen ihrer Schönheit gerühmten Gräfin Bianca Lucia stammte, vermählt) beklagt er sich über die Intrigen und Ränke der Geistlichkeit, die nicht nur seiner Herrschaft, sondern auch seinem Leben nachstelle: *O glückliches Asien! O glückliche Herrscher des Ostens, die der Untertanen Waffen nicht fürchten und die Verleumdungen der Priester nicht scheuen!* [115]

Im Frühjahr 1247 glaubte der Kaiser die Verhältnisse in Oberitalien genügend gefestigt, um den Plan zu einem kühnen Unternehmen fassen zu können. Mit starken Streitkräften brach er im Mai von Cremona nach Lyon auf, um sich dort, unterstützt durch die Fürsprache Ludwigs von Frankreich, entweder gütlich mit dem Papst zu einigen oder diesen durch die völlige Einschließung der Stadt, die ja zum Imperium, nicht zu Frankreich gehörte, zum Frieden zu zwingen. In Turin jedoch erreichte ihn die alarmierende Nachricht König Enzios, daß Parma abgefallen sei. Damit war eine strategisch höchst bedrohliche Lage für ihn geschaffen. Die Verbindung zum Süden war abgeschnitten, und zugleich waren die guelfischen Kräfte erneut auf den Plan gerufen. Friedrich mußte den Zug nach Lyon abbrechen und Enzio zu Hilfe eilen.

Die Belagerung der Stadt zog sich bis in den Winter hin, zumal immer neue Aufstände zur Zersplitterung der Truppen zwangen und es nicht gelang, Parma von jeder Zufuhr abzuschneiden. Auch daß Friedrich, zum Äußersten getrieben, häufig parmensische Gefangene vor den Wällen köpfen ließ, konnte die Widerstandskraft der Belagerten nicht brechen.

Zu Beginn des Winters ließ der Kaiser vor Parma eine Lagerstadt errichten, die er mit Läden, einem Markt, einem Palast und Villen für seine sarazenischen Schönen ausstattete. In hybridem Stolz nannte er die Stadt Victoria. Hier glaubte er in Sicherheit den Fall Parmas abwarten zu können. Seine Sorglosigkeit sollte sich bitter rächen. Am Morgen des 18. Februar 1248, als Enzio nicht im Lager war, ritt der Kaiser, nur von wenigen Freunden, seinem sechzehnjährigen Sohn Manfred und einigen Reitern begleitet, in die Umgebung, um mit seinen Falken in den Sümpfen Wasservögel zu jagen. Die Parmenser, wahrscheinlich durch Spione unterrichtet, machten einen Ausfall, zerstörten und verwüsteten das Lager, töteten die Besatzung oder nahmen sie gefangen, erbeuteten den ganzen Staatsschatz, Zepter, Siegel und Krone und schleppten den Harem und den Jagdpark mit sich fort.

Es war die schwerste Niederlage, die Friedrich je erlitten hatte. Unter den 1500 Gefallenen – doppelt soviel waren gefangengenommen worden – war auch sein Freund Thaddäus von Suessa. Militärisch waren die Folgen der Niederlage nicht entscheidend, aber der Ruf von der Unbesiegbarkeit des Kaisers geriet ins Wanken. Doch seine Spannkraft und der Glaube an seine *Fortuna* waren unerschüttert. Schon vier Tage, nachdem er sich mit wenigen Getreuen nach Cremona hatte retten können, rückte er wieder gegen Parma vor und setzte den Kampf gegen die rebellischen Städte fort. Zwar ging ihm die Romagna verloren, aber in der Mark Ancona und in großen Teilen Oberitaliens konnte er sich erfolgreich behaupten. An die sizilischen Gemeinden schrieb er im April: *Obwohl die Uns eigene Fortuna . . . Uns unlängst scheinbar ein wenig den Rücken wandte, hat sie Uns jetzt wieder ein heiteres und fröhliches Antlitz gezeigt.*[116]

In einem zweifellos von ihm selbst abgefaßten Trostbrief an den Vater eines bei Victoria Gefallenen rühmt er dessen Tapferkeit, mit der er den Tod der Flucht vorgezogen habe, und fährt dann fort: *Da das Gedächtnis Deines toten Sohnes, auch wenn er leiblich erloschen ist, im Schrein Unseres Herzens fortlebt, und da es schmählich für einen verständigen Mann ist, das Heilmittel des Trostes darin zu suchen, daß er sich gehen läßt, bemühe Dich, den Fluß der Tränen zu mäßigen und mache Dir den Grund Unserer Tröstungen zu eigen.*[117]

DIE VERSCHWÖRUNG GEGEN DEN KAISER – SEIN TOD

In den Anfang des Jahres 1249 fallen zwei Ereignisse, die den Kaiser, der politische oder militärische Schläge mit gelassener oder zorniger Aktivität zu beantworten pflegte, tief getroffen und verletzt haben. Peter von Vinea, sein Wortführer in der Öffentlichkeit, als glänzender Stilist Verfasser vieler Gesetze und Manifeste, zudem sein vertrauter Freund seit Jahrzehnten, wurde unter der Anklage des Verrats verhaftet. Ob und worin er schuldig war, ist nie ganz aufgeklärt worden. Dante läßt ihn im 13. Höllengesang, wo er ihn unter den Selbstmördern trifft, sagen, er habe die Schlüssel zum

Dante. Aus dem Codex Palatinus, 15. Jahrhundert. Florenz, Biblioteca Nazionale

Herzen Friedrichs besessen und dessen Geheimnis mit seinem Herzblut gehütet; nur Neid und Verleumdung hätten ihn zu Fall gebracht. Friedrich hat sich nur einmal in einem vertraulichen Schreiben über die Untreue Vineas geäußert, *der, um seinen Geldkasten zu füllen, den Zweig rechtmäßiger Genügsamkeit in eine Schlange gewandelt hat* [118]. Zweifellos gab seine überragende Stellung dem Kanzler die Möglichkeit, sich unrechtmäßig zu bereichern, und Tatsache ist, daß er ein riesiges Vermögen hinterließ. Trotzdem bleibt es schwer begreiflich, daß lediglich finanzielle Verfehlungen den Sturz des mächtigen Ratgebers ausgelöst haben sollen; zum mindesten muß sich der Kaiser in seinem wohl unbegrenzten Vertrauen furchtbar getäuscht gefühlt haben. Der Bericht über das Ende Vineas stammt aus unsicherer Chronistenquelle. Der Geblendete soll sich, um weiteren Peinigungen zu entgehen, auf der Burg San Miniato den Schädel an der Mauer seines Kerkers zerschmettert haben.

Wenig später entging der Kaiser im letzten Augenblick einem Giftmordversuch, der mit Wissen oder auf Anstiftung des Papstes unternommen worden war. Es heißt, er sei gewarnt worden und habe seinem Leibarzt befohlen, vor ihm den angeblichen Heiltrank zu leeren. Der habe getan, als ob er stolpere und dabei den größeren Teil des Bechers verschüttet. Den Rest habe man einem zum Tode Verurteilten zu trinken gegeben, der augenblicklich verschieden sei. Der Kaiser habe händeringend und unter Tränen gesagt: *Weh Mir, gegen den seine eigenen Eingeweide kämpfen! Auf wen kann ich noch vertrauen? Wo kann ich noch sicher, wo noch froh sein?*[119] Auch habe er danach oft das Wort Hiobs gebraucht: *Alle Meine Getreuen haben Greuel an Mir, und die ich lieb hatte, haben sich wider Mich gekehrt.*[120] In einem Manifest gab er allen Völkern Kenntnis von dem Giftmord des Papstes:

Hört, ihr Völker, die furchtbare, in aller Welt unerhörte Niedertracht! Öffnet die Augen und seht, wie in diesen jüngsten Tagen, in denen die Welt offensichtlich zum Äußersten treibt, die Ordnung der Dinge verkehrt, die schlichte Meinung getäuscht und der Hirten Amt entheiligt wird ... Gott weiß, daß Wir lieber verschwiegen hätten, was Unsere Erhabenheit hier ausspricht: doch durfte der grausige Sachverhalt, der ja doch allbekannt werden mußte, nicht unter dem Siegel des Schweigens bleiben.

Unlängst nämlich ... hat dieser Priester, dieser große Hüter, der friedfertige Lenker Unseres Glaubens, versucht – o Schande! –, durch geheime Anschläge Unser Leben zu vernichten und mit Unserem Arzt unmenschlich und gottlos ausgemacht, daß er Uns Gift in Form eines Heiltranks eingäbe ... Da hatte die Rechte des Herrn die Güte, es geschehen zu machen, daß jener Kelch an Uns vorüberging, ehe Wir seine Bitternis tränken.

Das wurde im einzelnen sowohl durch ihn, der auf offener Tat ergriffen, nicht leugnen konnte, wie auch durch aufgefangene Briefe, die diesen Handel ausdrücklich erwähnten, Uns und vielen Großen an Unserem Hof völlig klargestellt. Seht nun, wie Uns dieser teuerste Vater liebte, seht den löblichen Eifer und die geistliche Fürsorge! Seht die würdigen Werke des Priesterfürsten! O wie schwillt in Unserem Inneren das Leid ob solcher Hinterlist! O wie groß ist die Bestürzung, da Giftmischerei von jenen betrieben wird, von denen Wohltat kommen sollte! ... Bei Gott, wie konnte in sein Herz ein so fluchwürdiger Gedanke emporsteigen! Bei Gott, welches Unrecht haben Wir ihm getan, daß er seinen Sinn auf so große Grausamkeit wendete! [121]

Im gleichen Jahr ereilte den Kaiser, der nach Apulien zurückgekehrt war, eine neue Unglücksbotschaft. König Enzio war bei einem Gefecht in der Nähe von Modena von den Bolognesen gefangengenommen worden. Friedrich ersuchte sie in einem maßvoll gehaltenen Schreiben, in dem er seinen Drohungen durch den Hinweis auf das wechselnde Kriegsglück Nachdruck verlieh, um die Freilassung seines Sohnes, die er in der Folge durch großzügige Angebote, Gefangenenaustausch und fürstliches Lösegeld zu erreichen trachtete. Vergeblich. Enzio wurde zwar in ritterlicher Gefangenschaft gehalten, er konnte Briefe schreiben, seine fröhlichen Romanzen dichten und sammeln, Besucher und Besucherinnen, die den unentwegt heiteren Jüngling mit Gunstbeweisen verwöhnten, empfangen, aber die Freiheit, auf die er ständig hoffte, sah er nicht wieder. Nach zwanzig Jahren erfuhr er vom Ende seines achtzehnjährigen Neffen Konradin, den Karl I. von Anjou auf dem Marktplatz von Neapel hatte enthaupten lassen. Vielleicht im Gedanken daran, daß er nun der letzte Staufer war, versuchte Enzio, in einem großen Faß versteckt, zu fliehen, wurde aber, wie es heißt, an seinen blonden Locken entdeckt, von denen eine am Spundloch heraushing. Seine letzten Gedichte sind von Traurigkeit überschattet. Er starb zwei Jahre später, im Jahre 1272, nach dreiundzwanzigjähriger Haft.

So schmerzlich für den Kaiser das Unglück seines Lieblingssohnes war, so wenig vermochte es seine Energie zu mindern. Ungebrochen, ja in übersteigertem Stolz schrieb er nach der Gefangennahme Enzios an die Bürger von Modena: *Wenn also der Unfall, sofern es Unfall genannt werden kann, was Unseren Unternehmungen keinen Abbruch tut, märchenhaft schwer und allgemein fürchterlich erscheinen mag, so erachten Wir ihn doch als leicht oder gering und beugen die Erhabenheit Unseres Geistes deshalb in keiner Weise ... Denn da die Geschicke des Krieges wechselhaft sind und der Schoß Unserer Erlauchtheit von der Menge der Söhne überfließt, nehmen Wir solche Neuigkeiten mit Gleichmut auf und erheben Unsere machtvolle Rechte nur um so tapferer zur Niederschlagung der Rebellen.*[122] Und in einem Brief an seinen mit ihm gleichaltrigen Schwiegersohn Ezzelino da Romano rühmt er nicht nur dessen gleichbleibende geistige Frische trotz dem zunehmenden Alter, sondern versichert ihm auch, daß er selber sich von den Anstrengungen des Krieges in seinem Königreich erhole und sich gesund fühle, ohne deshalb die Sorge um seine Getreuen und die Vernichtung der restlichen Rebellen aus dem Auge zu verlieren.

Hatte die Niederlage Enzios zunächst Rückschläge zur Folge – Como war abgefallen und der Zugang zu dem strategisch wichtigen Cisapaß wieder einmal verlegt –, so brachte das Jahr 1250 eine Reihe großer militärischer und politischer Erfolge. Ravenna wurde wiedergewonnen, ein Einfall der Päpstlichen in die Mark Ancona unter großen Verlusten für die Schlüsselsoldaten zurückgeschlagen, die Parmenser wurden in einer erbitterten Schlacht besiegt, das Herzogtum Spoleto wurde befreit und die Lage in Oberitalien so

133

weit gefestigt, daß sogar die Bolognesen in Friedensverhandlungen eintreten wollten. In Deutschland hatte sich König Konrad gegen den Rivalen Wilhelm von Holland behauptet und die rheinischen Erzbischöfe zu einem Waffenstillstand zwingen können. Der Papst, dessen Geldmittel nahezu erschöpft waren, sah sich in Lyon nicht mehr sicher. Ludwig IX. von Frankreich, der auf dem Kreuzzug in ägyptische Gefangenschaft geraten und auf die Hilfe Friedrichs II. angewiesen war, hatte ihn dringend aufgefordert, endlich Frieden mit dem Kaiser zu machen, andernfalls er ihn aus Lyon vertreiben lassen werde. Im Vorgefühl des endgültigen Sieges meldete Friedrich dem griechischen Kaiser in einer Freudenbotschaft seine Triumphe und schloß: *So also lenkt und leitet Unsere Hoheit mit dem Beistand des Herrn, gestärkt durch die göttliche Vorsehung, das ganze ihm unterworfene Imperium in friedlicher Ordnung.*[123]

Tatbegierig wie je, bereitete er einen Zug nach Deutschland und Lyon vor, als ihn kurz vor Vollendung seines 56. Lebensjahres eine fiebrige Darmentzündung niederwarf. Offenbar gab er sich über seinen Zustand keiner Täuschung hin. Er ließ sich in das apulische Castel Fiorentino bringen und einige der Großen des Reiches zu sich rufen. In ihrer Gegenwart setzte er sein Testament auf, das mit den Worten beginnt: *Eingedenk der stets von der eingeborenen Hinfälligkeit begleiteten menschlichen Beschaffenheit wollen Wir, Friedrich der Zweite, durch göttliche Gnade immer erhabener Kaiser der Römer, König von Jerusalem und Sizilien, da Uns das Ende des Lebens bevorsteht, in ungeminderter Kraft des Wortes und Denkens, am Leibe krank, aber wachen Geistes, für das Heil Unserer Seele sorgen und über das Reich und Unsere Länder verfügen, auf daß Wir, auch wenn Wir den irdischen Dingen entrückt sind, zu leben scheinen.*[124]

In den Hauptpunkten des Testaments bestimmte er Konrad zum Erben des Gesamtimperiums, seinen natürlichen Sohn Manfred zum Fürsten von Tarent und Statthalter des sizilischen Reiches. Alle Gefangenen mit Ausnahme der Hochverräter sollten freigelassen, der Kirche ihre Besitzungen zurückgegeben werden, falls sie die kaiserlichen Rechte respektiere. Neben anderen Legaten stiftete er 100 000 Goldunzen für die Befreiung des Heiligen Landes.

Bis zuletzt wahrte er die Haltung des römisch-christlichen Kaisers. In die graue Kutte der Zisterzienser gehüllt, nahm er aus der Hand des uralten Erzbischofs Berard von Palermo, der schon den «Knaben aus Apulien» nach Deutschland begleitet hatte, die Sterbesakramente und die Absolution entgegen. Er starb am 13. Dezember 1250.

Sein Leichnam wurde im Dom von Palermo in einem von vier Löwen getragenen Sarkophag aus dunkelrotem Porphyr beigesetzt,

134

Grabmal Friedrichs II. im Dom von Palermo

neben den Gräbern seines Großvaters Roger II. und seiner Eltern Heinrich VI. und Konstanze.

Die Nachricht vom Tod des Kaisers, die auf seine Anweisung zunächst geheimgehalten wurde, erregte das ganze Abendland. Die Papstpartei jubelte. «Es freuen sich die Himmel, und die Erde frohlockt»[125], schrieb Innozenz IV. Von der Faszination, in der das Unheimliche mitschwingt, zeugen die Stimmen der Chronisten, deren einer ihn «den größten unter den Fürsten des Erdkreises, das betroffene Staunen der Welt und ihren wundersamen Verwandler»[126] nennt. In dem Brief, mit dem Manfred seinem Bruder Konrad nach Deutschland den Tod des Vaters mitteilt, heißt es: «Untergegangen ist die Sonne der Welt, die über den Völkern geleuchtet hat, untergegangen die Sonne der Gerechtigkeit, der Hort des Friedens.»[127] Und in einem Brief Kaisertreuer aus Tivoli: «Gleich wie die Sonne, wenn sie von der Himmelsachse in das westliche Meer hinabsinkt, so hinterläßt Friedrich II. im Westen den Sonnensohn, dessen Frührot schon zu leuchten beginnt.»[128]

Zu den Antithesen von Messias und Antichrist tritt hier und an anderen Orten das mythische Motiv des Sonnengottes.

PERSÖNLICHE UND GESCHICHTLICHE BEDEUTUNG

Das Urteil seiner Zeitgenossen über Friedrich II. ist fast durchweg vom Urteil der Kirche bestimmt, also überwiegend negativ. Auf der anderen Seite wird man den hymnischen Lobpreisungen, die seine Anhänger ihm darbrachten, ebensowenig Objektivität zubilligen. Zu den widersprüchlichen Urteilen mag nicht zuletzt die Zwiespältigkeit seines Charakters beigetragen haben. Verläßliche Äußerungen über den Menschen Friedrich II. gibt es nur ganz wenige. Auch auf physiognomische Zeugnisse kann man sich kaum stützen. Die Büsten, Siegel, Gemmen und Münzen tragen meist einen stilisierten Cäsarenkopf. Realistisch wirkt nur ein oft wiederkehrender, doch wohl porträtechter Zug (z. B. auf dem Oppenheimer Stadtsiegel von 1225): die merkwürdig eng stehenden, sehr großen Augen, deren Ausdruck an den «Schlangenblick» denken läßt, der ihm einmal von einem Freund nachgesagt wurde.

Der Versuch zu einer Skizze seines Charakterbildes muß sich also an bezeugten Handlungen und Verhaltensweisen orientieren und kann über eine Zusammenfassung des im Laufe der vorliegenden Darstellung Vorgebrachten kaum hinausgehen.

Da finden sich neben der Freude an festlichem Luxus und exotischer Pracht, heiterer Gesprächigkeit, bezaubernder Liebenswürdigkeit: sarkastische Ironie, erschreckende Kälte, ungestüme Grausamkeit, die ihm vielleicht von seinen normannischen Vorfahren überkommen war; neben strengster Selbstdisziplin und durchdringender, überlegener Geistigkeit jähe Zornanfälle und Bekundungen stärkster Sinnlichkeit. Schwer auflösbar und deutbar bleibt ferner der Gegen-

Kopf Friedrichs, vom Oppenheimer Stadtsiegel (Ausschnitt)

satz von freigeistiger Skepsis und Ungläubigkeit gegenüber kirchlichen Dogmen und zeitbedingten Vorurteilen einerseits und seiner lebenslang aufrechterhaltenen Überzeugung von der Gottunmittelbarkeit des Kaisertums andererseits.

Das führt in die Widersprüche seiner politischen Haltung: der letzte Vertreter der hochmittelalterlichen imperialen Staatsauffassung ist zugleich der Begründer des ersten autonomen weltlichen Staates auf abendländischem Boden mit allen Vorzeichen moderner Diktaturen. Der Gründer einer sarazenischen Leibtruppe, der geistvolle, wissensdurstige, gelehrte Gesprächspartner islamischer und jüdischer Philosophen und Theologen verfolgt Ketzer und Abtrünnige mit grausamsten Methoden der Inquisition. Der Mann, der nicht an die Unsterblichkeit der Seele – von anderen christlichen Lehrmeinungen zu schweigen – glaubt, der den Papst als Widersacher Christi hinstellt, ist von der gottgewollten Zuordnung von Kirche und Reich als der beiden universalen Mächte durchdrungen und davon auch in den letzten gegenseitigen Vernichtungskämpfen nicht abzubringen. Ausgestattet mit nüchternem Wirklichkeitssinn, hält er gleichwohl an geschichtlich überholten Positionen und Anschauungen fest. Der Vorläufer der Renaissance und «erste moderne Mensch auf dem Thron» (Jacob Burckhardt) führt sich in manchem wie ein orientalischer Despot auf und stirbt wie ein rechtgläubiger katholischer Fürst.

Indessen wäre nichts verkehrter als aus alldem auf eine tragische Zerrissenheit seines Innern zu schließen. Eine unerschütterliche seelische Standhaftigkeit läßt ihn gelassen, mit selbst in Schrecknissen oft bewahrter Heiterkeit, die extremsten Spannungen, gipfelnd in den gegensätzlichen Thesen von Messiaskaiser und apokalyptischem Untier, ertragen und in der Geschlossenheit seines Wesens aufheben.

Tragisch wird seine Gestalt erst, wenn man die geschichtlichen Folgen seines Wirkens ins Auge faßt. Hier ist er im meisten, was er erstrebte, gescheitert. Die angebliche Weissagung der Sibylle: «Mit ihm wird das Reich zu Ende gehen, weil seine Nachkommen des Kaisertums und des römischen Thrones beraubt sein werden»[129], erfüllte sich in kürzester Zeit. 1254 starb sein Sohn Konrad IV., 1266 fiel Manfred im Kampf gegen Karl I. von Anjou, und 1268, achtzehn Jahre nach dem Tode Friedrichs, erlosch mit der Enthauptung Konradins in Neapel das staufische Haus.

Im weltpolitischen Sinne tragisch ist Friedrich II. als Vertreter einer zu Ende gehenden Welt. In dem Drama des mittelalterlichen Kampfes zwischen Kirche und Reich hat er, ohne daß ihm das je zu Bewußtsein gekommen ist, die Rolle des großen Aufhalters gespielt. Ein halbes Jahrhundert nach seinem Tod war das Papsttum in der

Gefangenschaft des französischen Königs. Er selbst hat, anders als Heinrich IV. und Friedrich I., nie an eine Absetzung des Papstes gedacht. Auch wenn er zeitweise auf die Erneuerung der entarteten Kirche drängte und damit Tendenzen der späteren Reformation vorwegnahm, war er, seitdem die Kirche die Oberhoheit nicht nur in geistlichen, sondern auch in weltlichen Dingen beanspruchte, der Angegriffene. Das Bestreben zum Ausgleich zwischen den beiden Mächten kennzeichnet die erste Hälfte seiner Regierung. In der zweiten stand der Kampf gegen die lombardischen Städte im Vordergrund. Seine Katastrophe, die das Apokalyptische des Zeitalters deutlich macht, war es, daß sich die Päpste gegen das Reich mit den lombardischen Ketzern verbanden.

Was Deutschland betrifft, so hat Friedrich durch seine italienische Hausmachtpolitik den Fürsten viele Kronrechte preisgegeben und so der dynastischen Kleinstaaterei Vorschub geleistet. Während sich in Frankreich und England souveräne Nationalstaaten konstituierten, verzögerte sich dadurch die Bildung eines geschlossenen Einheitsstaates Deutschland um mehr als 600 Jahre. Fast wie eine historische Paradoxie mutet es an, daß die Kolonisierung des slawischen Ostens und damit indirekt die Entstehung des preußischen Staates und die Reichsgründung von 1871 durch eine – in ihren Folgen von ihm nie geahnte – Bulle Friedrichs II. ermöglicht wurde, in der dem Deutschritterorden alle zukünftigen Eroberungen als reichsunmittelbarer Besitz zugestanden wurden.

Immutator mirabilis mundi – Der wunderbare Verwandler der Welt. Das Signum, das ihm die Mitlebenden aufprägten, denen seine Geisteshaltung oft unheimlich war, ist nicht frei von endzeitlichen Vorstellungen, ja Anspielungen auf den Diabolus. Wie können wir heute, jenseits nachträglicher Betrachtung des Geschichtsverlaufs und ohne falsche Monumentalisierung, seiner Gestalt und seinem Ingenium gerecht werden? Vom großen Menschen als Faktor und Motor der Geschichte zu sprechen ist heute unzeitgemäß, wenn nicht suspekt. Und zum Revolutionär kann man den freigeistigen Absolutisten nicht umfunktionieren. Nur an Hand der Fakten also läßt sich die Summe seiner Existenz ziehen.

Ordnung im Chaos zu schaffen, und sei es als Tyrann und Gebannter, war sein mit fast übermenschlicher Kraft durchgehaltener Wille. So bleibt seine politisch bedeutendste Leistung, daß er im Südreich eine bunt gemischte, anarchische Bevölkerung unter einer zentralisierten Beamtenhierarchie zusammenschweißte, als autokratischer, ja theokratischer Gesetzgeber weit in die Zukunft vorausgriff und den Staat – um noch einmal Jacob Burckhardt anzuführen – als berechnete, bewußte Schöpfung gestaltete.

Sphinx am Sarkophag im Dom von Palermo

Vorläufer kommender Jahrhunderte war er, der wider Willen zur Auflösung der mittelalterlichen Welt beitrug, in anderer Hinsicht planvoll und bewußt, nicht nur als Bekämpfer kirchlicher Vorurteile und feudaler Vorrechte. Zumal die geistesgeschichtliche Entwicklung hat er gewaltig vorangetrieben. Unbestreitbar ist seine Bedeutung als Mäzen und Kulturschöpfer, sein Einfluß auf die Fortentwicklung von Kunst und Wissenschaft. Daß Dante ihn den Vater der italienischen Poesie nennt, haben wir erwähnt. Daß er an den Schloß- und Kastellbauten in Sizilien und Apulien durch eigene Entwürfe mitwirkte, den Bildhauern fruchtbare Anstöße gab, ist erwiesen. Den exakten Wissenschaften, der Mathematik, Astronomie, Medizin und Naturkunde und dem gesamten Universitätswesen brachte er nicht nur brennendes Interesse entgegen; er selbst erwies sich durch sein Buch über die Vogelkunde und die Falkenjagd als empirischer Naturforscher ersten Ranges.

Unter den großen Gestalten der Geschichte hebt er sich heraus durch die einzigartige Verbindung ungeheurer Energie mit einer auf vielen Feldern schöpferischen genialen Intelligenz. Er war, was später das Ideal der Renaissance wurde: l'uomo universale – der allseitige Mensch.

ANMERKUNGEN

Die Hauptquelle für die außerordentlich reiche Korrespondenz Friedrichs II. ist die siebenbändige «Historia diplomatica Friderici II.» von Jean Louis Alphons Huillard-Bréholles (Paris 1852–1861). Ergänzendes enthalten die «Monumenta Germaniae historica» (Hannover–Berlin 1883–1911) sowie die «Geschichtsschreiber der deutschen Vorzeit» (Leipzig. Bd. 76 [1940], Bd. 93 [1914]).

An deutschen Übersetzungen liegt neben dem Bändchen «Staatsbriefe Kaiser Friedrichs des Zweiten» von Wolfram von den Steinen (Breslau 1923) eine umfangreiche, vorzügliche Auswahl: «Kaiser Friedrich II. in Briefen und Berichten seiner Zeit» von Klaus J. Heinisch (Darmstadt 1972) vor. Nach ihnen hat der Verfasser gelegentlich zitiert, sie aber auch dankbar benutzt, wo er – wie in den meisten Fällen – eigene Übersetzungen bietet. Die in den Tatsachen – nicht immer in den Wertungen – noch heute maßgebende Biographie ist «Kaiser Friedrich der Zweite» von Ernst Kantorowicz (Berlin 1927).

Folgende Abkürzungen werden verwendet:
HB = Huillard-Bréholles
G. d. d. V. = «Geschichtsschreiber der deutschen Vorzeit»
MG = Monumenta Germaniae historica
  (MG SS = Scriptores rerum Germanicarum)
  (MG Const. = Constitutiones)
  (MG Epp. pont. = Epistolae saeculi XIII e regestis pontificum Romanorum selectate)

1 Frei zit. nach Karl Hampe: «Kaiser Friedrich II. der Hohenstaufe». Lübeck 1935. S. 5 f
2 HB I, 79
3 Karl Hampe: «Aus der Kindheit Friedrichs II.». In: «Mitteilungen des Instituts für österreichische Geschichtsforschung» 22 (1901), S. 598
4 Kantorowicz, a. a. O., S. 33
5 Hampe, a. a. O., S. 597 f
6 Kantorowicz, a. a. O., S. 48
7 MG SS XXII, 510
8 HB V, 162
9 MG SS XXVI, 303
10 HB V, 61
11 HB I, 399
12 Kantorowicz, a. a. O., S. 87
13 HB I, 469 f
14 HB I, 585; zit. n. Heinisch, a. a. O., S. 43 f
15 Rudolph Wahl: «Wandler der Welt. Friedrich II., der sizilische Staufer». München 1948. S. 65
16 HB I, 803
17 Eduard Winkelmann: «Acta imperii inedita saeculi XIII et XIV». Innsbruck 1880. Bd. I, S. 221; zit. n. Heinisch, a. a. O., S. 63 f

18 G. d. d. V. 93, 171
19 Erzählt bei Heinisch, a. a. O., S. 65, und Kantorowicz, a. a. O., S. 120 f
20 HB IV, 457 f
21 HB IV, 452
22 Karl Hampe: «Kaiser Friedrich II. als Fragensteller». In: «Kultur- und Universalgeschichte». Leipzig 1927. S. 56 f
23 G. d. d. V. 93, 361
24 HB II, 409, 413
25 HB III, 37 f, 47 f
26 HB III, 71 f
27 Kantorowicz, a. a. O., S. 170
28 Nach Heinisch, a. a. O., S. 170
29 HB III, 93 f; vgl. Steinen, a. a. O., S. 27 und 30, in der Fassung an König Heinrich III. von England
30 Nach Heinisch, a. a. O., S. 192
31 HB V, 339 f
32 Kantorowicz, a. a. O., S. 190
33 HB III, 227
34 Hans Martin Schaller: «Kaiser Friedrich II. Verwandler der Welt». Göttingen–Frankfurt a. M. 1964. S. 42
35 HB IV, 2–5; vgl. Steinen, a. a. O., S. 34 f
36 Zit. n. Steinen, a. a. O., S. 39
37 HB IV, 102; vgl. Steinen, a. a. O., S. 37
38 HB IV, 167 f; vgl. Steinen, a. a. O., S. 38
39 HB IV, 151 f
40 HB IV, 235 f
41 HB IV, 134 f
42 HB IV, 459
43 Kantorowicz, a. a. O., S. 253
44 Ebd., S. 254
45 Ebd., S. 256
46 Schaller, a. a. O., S. 44
47 HB IV, 300 f; zit. n. Franz Kampers: «Kaiser Friedrich II. Der Wegbereiter der Renaissance». Bielefeld–Leipzig 1929. S. 90 f
48 Kantorowicz, a. a. O., S. 247
49 Schaller, a. a. O., S. 43
50 HB IV, 497
51 Kantorowicz, a. a. O., S. 293
52 Übers. bei Hans Naumann: «Die Hohenstaufen als Lyriker und ihre Dichterkreise». In: «Dichtung und Volkstum» 36 (1935), S. 40 f
53 «Italienische Gedichte von Kaiser Friedrich II. bis Gabriele d'Annunzio». Zürich 1935. S. 12
54 Schaller, a. a. O., S. 46
55 Kantorowicz, a. a. O., S. 297
56 Ferdinand Güterbock: «Eine zeitgenössische Biographie Friedrichs II.». In: «Neues Archiv» 30 (1905), S. 35
57 Carl Arnold Willemsen: «Das Falkenbuch Kaiser Friedrichs II.». In: «Kosmos» Jg. 47/1951, S. 11

58 Heinisch, a. a. O., S. 260 f; H. Schöppfer: «Des Hohenstaufen-Kaisers Friedrich II. Bücher von der Natur der Vögel und der Falknerei». Berlin 1896. S. 3

59 Willemsen, a. a. O., S. 12

60 Schöppfer, a. a. O., S. 24 f

61 Willemsen, a. a. O., S. 13

62 Heinisch, a. a. O., S. 263

63 Schöppfer, a. a. O., S. 81 f

64 Ebd., S. 166 f

65 «Romanische Meistererzähler» Bd. I. Leipzig 1905. S. 93

66 MG SS XVIII, 178

67 HB IV, 409

68 MG SS XXII, 348; zit. n. Kantorowicz, a. a. O., S. 370

69 HB VI, 28

70 MG Const. II, 241; vgl. Kantorowicz, a. a. O., S. 376

71 MG Const. II, 264

72 Winkelmann, a. a. O., S. 338

73 MG Const. II, 267

74 HB IV, 873; vgl. Kantorowicz, a. a. O., S. 387

75 MG Epp. pont. I, 600

76 HB V, 274 f; zit. n. Steinen, a. a. O., S. 58 f

77 Schaller, a. a. O., S. 60

78 Winkelmann, a. a. O., S. 811

79 MG Const. II, 277

80 Winkelmann, a. a. O., S. 351

81 HB V, 282 f; zit. n. Heinisch, a. a. O., S. 414 f

82 HB V, 286 f

83 HB V, 327; vgl. Kantorowicz, a. a. O., S. 454

84 HB V, 348 f; vgl. Steinen, a. a. O., S. 62 f

85 HB V, 305; vgl. Kantorowicz, a. a. O., S. 459

86 HB V, 378; vgl. Steinen, a. a. O., S. 69 f

87 Kantorowicz, a. a. O., S. 440

88 HB V, 304

89 Kantorowicz, a. a. O., S. 467

90 Zit. n. Heinisch, a. a. O., S. 472

91 HB V, 1018

92 HB V, 1153

93 Kantorowicz, a. a. O., S. 506

94 HB V, 1039 f

95 HB V, 1165 f

96 HB VI, 104

97 HB VI, 99

98 Kasimir Edschmid: «Italien: Rom und der Süden». Stuttgart 1957. S. 61

99 Kantorowicz, a. a. O., S. 536

100 HB VI, 141; teilw. zit. n. Kantorowicz, a. a. O., S. 537

101 Hampe, «Kaiser Friedrich II.», a. a. O., S. 23

102 Hans Martin Schaller: «Eine kuriale Briefsammlung des 13. Jahrhun-

derts mit unbekannten Briefen Friedrichs II.». In: «Deutsches Archiv» 18/1962, S. 194

103 G. d. d. V. 76, 276
104 HB VI, 220
105 Kampers, a. a. O., S. 52 f
106 MG SS XXVIII, 257 f
107 MG SS XXVIII, 266 f; zit. n. Heinisch, a. a. O., S. 600 f
108 Ebd.
109 HB VI, 358, 710
110 HB VI, 332, 335 f
111 HB VI, 393
112 Kantorowicz, a. a. O., S. 580 f
113 HB VI, 515 f; vgl. Steinen, a. a. O., S. 97 f
114 HB VI, 438
115 HB VI, 686
116 HB VI, 934
117 HB VI, 598
118 HB VI, 701
119 MG SS XXVIII, 307
120 G. d. d. V. 93, 172
121 HB VI, 705 f
122 HB VI, 740
123 HB VI, 791
124 HB VI, 806
125 MG Epp. pont. III, 24
126 Schaller, a. a. O., S. 85
127 HB VI, 811
128 Kampers, a. a. O., S. 78
129 MG SS XXXII, 174

ZEITTAFEL

1194	26. Dezember: Friedrich II. in Jesi geboren
1197	28. September: Kaiser Heinrich VI. gestorben
1198	Mai: Friedrich II. zum König Siziliens gekrönt
	November: Tod der Kaiserin Konstanze. Innozenz III. wird Verweser Siziliens und Vormund Friedrichs II.
1208	Friedrich II. wird mündig
1209	Vermählung mit Konstanze von Aragonien
1211	Friedrich II. in Deutschland zum König gewählt
1212	Ankunft in Konstanz
1215	25. Juli: Königskrönung in Aachen
1216	Papst Innozenz III. stirbt. Honorius III. wird sein Nachfolger
1220	22. November: Kaiserkrönung in Rom
	Dezember: «Assisen von Capua»
1221–1223	Unterwerfung Siziliens
1224	Gründung der Universität Neapel
1225	5. November: Vermählung mit Isabella von Jerusalem
1227	Honorius III. gestorben. Papst Gregor IX. bannt Friedrich II.
1228–1229	Kreuzzug Friedrichs II.
1229	März: Krönung in Jerusalem. Rückkehr nach Sizilien
1230	Friedensschluß mit der Kurie
1231	«Konstitutionen von Melfi». Aufbau der sizilischen Monarchie
1235	Empörung König Heinrichs. Friedrichs zweiter Zug nach Deutschland. Gericht in Worms. Vermählung mit Isabella von England
1236	Beisetzung der heiligen Elisabeth. Königswahl Konrads IV.
1237	Schlacht bei Cortenuova
1239	20. März: Zweite Bannung des Kaisers
1241	Seeschlacht bei Monte Christo. Tod Gregors IX.
1243	Nach langer Sedisvakanz wird Innozenz IV. Papst
1244	Flucht des Papstes nach Lyon
1245	Innozenz IV. setzt den Kaiser ab
1246	Verschwörungen gegen Friedrich II.
1248	Niederlage vor Parma
1249	Verhaftung Peters von Vinea. König Enzio von den Bolognesen gefangen
1250	13. Dezember: Tod Friedrichs II. in Fiorentino
1268	Enthauptung Konradins. Ende des staufischen Hauses

ZEUGNISSE

SALIMBENE DA PARMA *(13. Jahrh.), Minoritenmönch*

Friedrich II. war ein durchtriebener Mann, arglistig, ausschweifend, boshaft und jähzornig. Gelegentlich aber zeigte er auch tüchtige Eigenschaften, wenn er willens war, seine Güte und Freigebigkeit zu beweisen; dann war er freundlich, fröhlich, voll Anmut und edlen Strebens. Er konnte lesen, schreiben, singen und Kantilenen und Gesänge erfinden. Er war ein schöner, wohlgebauter Mann, wenn auch nur von mittlerem Wuchse. In vielen Zungen mancher Art wußte er zu reden. Und – um es kurz zu machen – wäre er ein guter Katholik gewesen und hätte Gott, die Kirche und seine eigene Seele geliebt, so hätte er wenige seinesgleichen unter den Herrschern der Welt gehabt.

JOHANN VON VICTRING *(14. Jahrh.), Geschichtsschreiber*

Es war aber Friedrich ein Mann von großen Gaben, wacker im Krieg, umsichtig in den Geschäften, an Seelengröße unbeugsam, in seinem Privatleben ohne feste Grundsätze, aber leutselig und heiter, von Ruhmesbegier durchdrungen, großmütig und freigebig und ein in jeder Beziehung vortrefflicher Herr, der nur in einem Tadel verdient, und zwar scharfen Tadel, daß er nämlich sich so hartnäckig gegen die Kirche aufgelehnt hat.

ENEA SILVIO DE' PICCOLOMINI, *der spätere Papst Pius II.* *(15. Jahrh.)*

Friedrich war ein Mann der großen Tat, strahlend im Ruhm der Waffen, ausgezeichnet durch Freigebigkeit, hervorragend durch Leutseligkeit und Seelengröße. Äußerlich machte er einen imponierenden Eindruck, aber im geheimen huldigte er schlüpfrigen Sitten und liebte die Religion wenig.

PHILIPP MELANCHTHON

Wenn die römischen Bischöfe nicht seine herrlichsten Pläne zu Schanden gemacht hätten, so hätte Deutschland nie einen nützlicheren Regenten besessen. Er hatte einen scharfen Verstand und verfügte über große wissenschaftliche Kenntnisse, und wenn er sonst gar nichts Gutes erreicht hätte, so würden wir ihm doch großen Dank schulden dafür, daß er den Almagest des Ptolemäus aus der sarazenischen Sprache in die lateinische übersetzen ließ; denn ohne dies Buch wäre die ganze Astronomie völlig in Vergessenheit geraten. Deshalb verdanken wir es dem Schwaben, daß jener Teil der Philosophie noch existiert, den man mit Recht den bedeutendsten nennen kann. Hohes Lob verdient es, Künste zu ersinnen, die dem Leben Nutzen bringen, aber kein geringeres, sie wieder ins Leben zu rufen oder vor dem Untergang zu bewahren.

ULRICH VON HUTTEN

Kaiser Friedrich II. hat sein Leben lang sich mit den Päpsten, von denen ihm drei nacheinander feindlich gewesen, beißen müssen. Dabei ist er an Leib und Seele dermaßen wohlgeraten gewesen, daß sich die Welt füglich eines solchen Fürsten hätte freuen sollen. Aber die Päpste haben ihn mit einem lästerlichen Spruch treulos und meineidig gescholten und auch sonst vieler Dinge beschuldigt, womit sie ihm, wie Historien und Chroniken beweisen, Gewalt und Unrecht angetan. Denn er ist ein redlicher, streitbarer, ehrenreicher Fürst gewesen. Und weil sie sich an dem Lebenden nicht rächen konnten, haben sie dieses Gift nach seinem Tod über ihn ausgegossen, in der Hoffnung, sie würden bei den Nachkommen und für die Zukunft doch recht behalten.

JOHANN GOTTFRIED VON HERDER

Sollten es nicht die Zeiten der schwäbischen Kaiser verdienen, daß man sie mehr in ihr Licht der deutschen Denkart setzte? Sollte es nicht Friedrich II. aus diesem Hause insonderheit verdienen, daß ein Kenner der mittleren Geschichte ihn mehr in sein Licht setzte, da er jetzt bloß in der Dunkelheit hervorschimmert? Dieser Mann, den der Schutzgeist Deutschlands brauchen wollte, um der Wiederhersteller der griechischen und morgenländischen Literatur, der echten römischen Sprache, der Weltweisheit und Naturkunde zu sein, der selbst ein Kenner voll Gelehrsamkeit und Geschmack war, der aber ohngeachtet aller seiner Mühe nichts als der Märterer seiner Zeit wurde: dieser ruhmwürdige Kaiser hat nicht einmal das leidige Verdienst, von unserer Zeit als der Morgenstern eines besseren Tages in allem seinem Lichte betrachtet zu werden.

JOHANNES VON MÜLLER

Die Fehler eines großen Mannes wie Friedrich (und manchmal sind
es Dinge, die nicht jedermann für Fehler hält) sind so interessant
als alles übrige, weil sie zeigen, was alles in einem solchen Charakter
sich zusammenfinden kann und kombinabel ist.

FERDINAND GREGOROVIUS

Friedrich II. war mit allen Fehlern und Tugenden der vollständigste
und genialste Mensch seines Jahrhunderts und der Vertreter von
dessen Kultur.

JACOB BURCKHARDT

Aufgewachsen unter Verrat und Gefahr in der Nähe von Sarazenen,
hatte Friedrich II. sich frühe gewöhnt an eine völlig objektive Be-
urteilung und Behandlung der Dinge, der erste moderne Mensch auf
dem Throne. Dazu kam eine nahe, vertraute Kenntnis von dem
Inneren der sarazenischen Staaten und ihrer Verwaltung, und jener
Existenzkrieg mit den Päpsten, welcher beide Parteien nötigte, alle
denkbaren Mittel und Kräfte auf den Kampfplatz zu führen. Friedrichs Verordnungen (besonders seit 1231) laufen auf die völlige Vernichtung des Lehnstaates, auf die Verwandlung des Volkes in eine
willenlose, unbewaffnete, im höchsten Grade steuerfähige Masse hinaus. Er zentralisierte die ganze richterliche Gewalt und die Verwaltung in einer bisher für das Abendland unerhörten Weise.

FRIEDRICH NIETZSCHE

... Jene zauberhaften Unfaßbaren und Unausdenklichen, jene zum
Sieg und zur Verführung vorher bestimmten Rätselmenschen, deren
schönster Ausdruck Alcibiades und Caesar (– denen ich gern jenen
e r s t e n Europäer nach meinem Geschmack, den Hohenstaufen
Friedrich den Zweiten, zugesellen möchte), unter den Künstlern vielleicht Lionardo da Vinci ist.

Die Kirche hat deutsche Kaiser auf Grund ihrer Laster in Bann getan:
als ob ein Mönch oder Priester über das mitreden dürfte, was ein
Friedrich der Zweite von sich fordern darf.

Jener große Freigeist, das Genie unter den deutschen Kaisern, Friedrich der Zweite.

149

Hans Freyer

Friedrich II. repräsentiert den apokalyptischen Zustand des Abendlands und wendet ihn ganz in die Positivität einer genialen Leistung und Existenz. Den Feinden ist er der Antichrist, den Freunden der Endkaiser der christlichen Prophetie oder der Weltkaiser einer neuen Zeit, sich selbst der Messiaskönig und der Mensch schlechthin. Sein Werk ist der Staat der Neuzeit, in einem seherischen Akt vorgegriffen mit allen seinen Kräften, Maßlosigkeiten und Verhängnissen.

Stefan George

Vor allen aber strahlte von der Staufischen
Ahnmutter aus dem süden her zu gast
Gerufen an dem arm des schönen Enzio
Der Größte Friedrich, wahren volkes sehnen:
Zum Karlen- und Ottonen-plan im blick
Des Morgenlandes ungeheuren traum,
Weisheit der Kabbala und Römerwürde
Feste von Agrigent und Selinunt.

BIBLIOGRAPHIE

Die folgende Literaturübersicht macht keinen Anspruch auf Vollständigkeit; dazu ist die Zahl der Veröffentlichungen zu groß. Auch wurde – mit Ausnahme der Quellenwerke – nur die deutschsprachige Literatur berücksichtigt. Zur Ergänzung sei auf die Bibliographien bei Heinisch und Kantorowicz hingewiesen.

1. Biographien und Quellenwerke

ABEL, OTTO: Kaiser Friedrichs II. Jugendjahre. In: Deutsches Museum. Hg. von ROBERT PRUTZ. 4. Jg./1854

BAETHGEN, FRIEDRICH: Kaiser Friedrich II. In: Die Großen Deutschen Bd. I. Berlin 1956

BIEHRINGER, FR. J.: Kaiser Friedrich II. Berlin 1912

BLASIUS, Hermann: König Enzio. Ein Beitrag zur Geschichte Kaiser Friedrichs II. [Diss.] Breslau 1884

BÖHMER, HANNA: Kaiser Friedrich II. im Kampf um das Reich. [Diss.] Köln 1938

BÖHMER, JOHANN FRIEDRICH: Regesta Imperii V, 1–3. Aus dem Nachlaß J. F. Böhmers neu hg. und erg. von JULIUS FICKER und EDUARD WINKELMANN. 3 Bde. Innsbruck 1881–1901

BRACKMANN, ALBERT: Kaiser Friedrich II. In: P. R. ROHDEN, Gestalter deutscher Vergangenheit. Potsdam–Berlin 1937

COHN, NORMAN: Kaiser Friedrich II. als Messias. In: Der Monat 148 (1960/61)

FRIEDRICH II.: De arte venandi cum avibus. Hg. von JOHANN GOTTLIEB SCHNEIDER. Leipzig 1788–1789

FRIEDRICH II.: De arte venandi cum avibus. Hg. von CARL ARNOLD WILLEMSEN. Leipzig 1942

Geschichtsschreiber der deutschen Vorzeit. Leipzig Bd. 76 (1940), Bd. 93 (1914)

GRUNDMANN, HERBERT: Kaiser Friedrich II. In: Die großen Deutschen Bd. I. Berlin 1935

GÜTERBOCK, FERDINAND: Eine zeitgenössische Biographie Friedrichs II. In: Neues Archiv 30 (1905)

HAMPE, KARL: Aus der Kindheit Friedrichs II. In: Mitteilungen des Instituts für österreichische Geschichtsforschung 22 (1901)
Das neueste Lebensbild Kaiser Friedrichs II. In: Historische Zeitschrift 146 (1932)
Kaiser Friedrich II. der Hohenstaufe. Lübeck 1935

HEINISCH, KLAUS J. (Hg. und Übers.): Kaiser Friedrich II. in Briefen und Berichten seiner Zeit. Darmstadt 1972

HÖFLER, CONSTANTIN: Kaiser Friedrich II. Ein Beitrag zur Berichtigung der Ansichten über den Sturz der Hohenstaufen. München 1844

HÖHLER, MATTHIAS: Kaiser Friedrich II. Frankfurt a. M. 1880

HUILLARD-BRÉHOLLES, JEAN LOUIS ALPHONS: Historia diplomatica Friderici II. 7 Bde. Paris 1852–1861

IPSER, KARL: Kaiser Friedrich II. Leben und Werk in Italien. Leipzig 1942

KAMPERS, FRANZ: Kaiser Friedrich II. Der Wegbereiter der Renaissance. Bielefeld–Leipzig 1929

KANTOROWICZ, ERNST: Kaiser Friedrich der Zweite. Berlin 1927 – 4. Aufl. 1936 [Ergänzungsband: Quellennachweise und Exkurse. Berlin 1931]

LORENZ, OTTOKAR: Kaiser Friedrich II. In: Historische Zeitschrift 11 (1864)

Monumenta Germaniae historica:
Scriptores rerum Germanicarum
Constitutiones
Epistolae saeculi XIII e regestis pontificum Romanorum selectae. Hannover–Berlin 1883–1911

NITSCHKE, AUGUST: Friedrich II. Ein Ritter des hohen Mittelalters. In: Historische Zeitschrift 194 (1962)

PFISTER, KURT: Kaiser Friedrich II. München 1943

SALIMBENE VON PARMA: Chronik. 2 Bde. Leipzig 1914

SCHALLER, HANS MARTIN: Eine kuriale Briefsammlung des 13. Jahrhunderts mit unbekannten Briefen Friedrichs II. In: Deutsches Archiv 18. Jg./1962
Kaiser Friedrich II. Verwandler der Welt. Göttingen–Frankfurt a. M. 1964

SCHIRRMACHER, FRIEDRICH W.: Kaiser Friedrich der Zweite. 4 Bde. Göttingen 1859–1865

STEINEN, WOLFRAM VON DEN: Staatsbriefe Kaiser Friedrichs des Zweiten. Breslau 1923

Stupor mundi. Zur Geschichte Friedrichs II. von Hohenstaufen. Hg. von GUNTHER WOLF. Darmstadt 1966

WAHL, RUDOLPH: Wandler der Welt. Friedrich II., der sizilische Staufer. München 1948

WINKELMANN, EDUARD: Acta imperii inedita saeculi XIII et XIV. 2 Bde. Innsbruck 1880–1885
Geschichte Kaiser Friedrichs II. und seiner Reiche. 2 Bde. Berlin 1863–1865
Kaiser Friedrich II. 2 Bde. Leipzig 1889–1897

2. *Zur Geschichte des Papsttums in der Stauferzeit*

BAETHGEN, FRIEDRICH: Die Regentschaft Papst Innozenz III. im Königreich Sizilien. Heidelberg 1914

BÜDINGER, MAX: Skizzen zur Geschichte päpstlicher Machtentwicklung. In: Historische Zeitschrift 12 (1864)

CLAUSEN, J.: Papst Honorius III. Bonn 1895

DÖLLINGER, IGNAZ: Das Papstthum. München 1892

FELTEN, JOSEPH: Papst Gregor IX. Freiburg i. B. 1886

FRANTZ, THEODOR: Der große Kampf zwischen Kaisertum und Papsttum zur Zeit des Hohenstaufen Friedrich II. Berlin 1903

HALBE, M.: Friedrich II. und der päpstliche Stuhl bis zur Kaiserkrönung. Berlin 1888

HALLER, JOHANNES: Das Papsttum. Idee und Wirklichkeit. Bd. 3: Die Vollendung – Bd. 4: Die Krönung. Reinbek 1965 (= rowohlts deutsche enzyklopädie. 225/226, 227/228)

HAMPE, KARL: Papst Innozenz IV. und die sizilische Verschwörung von 1246. Heidelberg 1923

HAUCK, ALBERT: Kirchengeschichte Deutschlands Bd. 4. Leipzig 1913

KEUTNER, ADALBERT: Papsttum und Krieg unter dem Pontifikat des Papstes Honorius III. Münster 1935

KÖHLER, CARL: Das Verhältnis Kaiser Friedrichs II. zu den Päpsten seiner Zeit. Breslau 1888

MICHAEL, EMIL: Kaiser Friedrich II. und die Kirche. In: Zeitschrift für katholische Theologie 12 (1888)

PUTTKAMMER, GERDA VON: Papst Innozenz IV. Münster 1930

RODENBERG, CARL: Innozenz IV. und das Königreich Sizilien. Halle 1892

SCHALLER, HANS MARTIN: Das letzte Rundschreiben Gregors IX. gegen Friedrich II. In: Festschrift für Percy Ernst Schramm. Bd. 1. Wiesbaden 1964

STRUBE, EDELGARD VON: Innozenz' III. politische Korrespondenz und die religiöse Weltherrschaftsidee der Kirche. [Diss.] Berlin 1936

WEBER, HANS: Der Kampf zwischen Papst Innozenz IV. und Kaiser Friedrich II. Berlin 1900

WESTENHOLZ, ELISABETH VON: Kardinal Rainer von Viterbo. Heidelberg 1912

WINKELMANN, EDUARD: Zwölf Papstbriefe zur Geschichte Friedrichs II. In: Forschungen zur deutschen Geschichte, 15. Jg./1875

3. Abhandlungen über Einzelthemen

BÄUMER, ALFRED: Die Ärztegesetzgebung Kaiser Friedrichs II. und ihre geschichtlichen Grundlagen. [Diss.] Leipzig 1911

BURDACH, KONRAD: Walthers Aufruf zum Kreuzzug Kaiser Friedrichs II. In: Dichtung und Volkstum 36 (1935)

CASPAR, ERICH: Hermann von Salza und die Gründung des Deutschordensstaates in Preußen. Tübingen 1924

COHN, WILLY: Das Zeitalter der Hohenstaufen in Sizilien. Ein Beitrag zur Entstehung des modernen Beamtenstaates. Breslau 1925

FATH, RICHARD: Friedrich II. im Urteil der deutschen Nachwelt bis zum Ausgang der Reformationszeit. [Diss.] Heidelberg 1918

GRABMANN, MARTIN: Kaiser Friedrich II. und sein Verhältnis zur aristotelischen und arabischen Philosophie. In: GRABMANN, Mittelalterliches Geistesleben. Bd. 2. München 1936

GRAEFE, FRIEDRICH: Die Publizistik in der letzten Epoche Kaiser Friedrichs II. Heidelberg 1909

HADANK, KARL: Die Schlacht bei Cortenuova. [Diss.] Berlin 1905

HAMPE, KARL: Kaiser Friedrich II. in der Auffassung der Nachwelt. Stuttgart 1925

Kaiser Friedrich II. als Fragensteller. In: Kultur- und Universalgeschichte. Leipzig 1927

HASELOFF, ARTHUR: Die Bauten der Hohenstaufen in Unteritalien. Leipzig 1920

HEUPEL, WILHELM E.: Der sizilische Großhof unter Kaiser Friedrich II. Leipzig 1940

KANTOROWICZ, ERNST HARTWIG: Kaiser Friedrich II. und das Königsbild des Hellenismus. In: Festgabe für Karl Reinhardt. Münster 1952

KASCHNITZ-WEINBERG, GUIDO VON: Bildnisse Friedrichs II. von Hohenstaufen. In: Mitteilungen des Deutschen Archäologischen Instituts. Römische Abteilung Bd. 60/61 (1953/54), Bd. 62 (1955)

LEJEUNE, PAUL: Walther von Palearia, Kanzler des normannisch-staufischen Reiches. [Diss.] Bonn 1906

LOHMEYER, KARL: Kaiser Friedrichs II. goldene Bulle über Preußen und Kulmerland. In: Mitteilungen des Instituts für österreichische Geschichtsforschung Erg.-Bd. 2 (1888)

MASCHKE, ERICH: Das Geschlecht der Staufer. München 1943

MAUTHNER, FRITZ: Der Atheismus und seine Geschichte im Abendlande. Bd. 1. Stuttgart–Berlin 1920

NAUMANN, HANS: Die Hohenstaufen als Lyriker und ihre Dichterkreise. In: Dichtung und Volkstum 36 (1935)

NIESE, HANS: Zur Geschichte des geistigen Lebens am Hofe Kaiser Friedrichs II. In: Historische Zeitschrift 108 (1912)

NOËL, GUSTAV: Der Frieden von San Germano. Berlin 1891

PRINZ, P.: Markward von Anweiler. Emden 1875

ROHDEN, JOSEF: Der Sturz Heinrichs (VII.). In: Forschungen zur deutschen Geschichte 22 (1882)

SCHALLER, HANS MARTIN: Die Kanzlei Kaiser Friedrichs II. [Diss.] Göttingen 1951

SCHNEIDER, FRIEDRICH: Kaiser Friedrich II. und Petrus von Vinea im Urteil Dantes. In: Deutsches Dante-Jahrbuch 27 (1948)

SCHÖPPFER, H.: Des Hohenstaufen-Kaisers Friedrich II. Bücher von der Natur der Vögel und der Falknerei. Berlin 1896

STIMMING, MANFRED: Kaiser Friedrich II. und der Abfall der deutschen Fürsten. In: Historische Zeitschrift 120 (1919)

THORNTON, HERMANN H.: The poems ascribed to Frederick II. In: Speculum Bd. I–II. Cambridge, Mass. 1926–1927

VEHSE, OTTO: Die amtliche Propaganda in der Staatskunst Kaiser Friedrichs II. München 1929

WILDA, HANS: Zur sicilischen Gesetzgebung, Steuer- und Finanzverwaltung unter Kaiser Friedrich II. [Diss.] Halle 1889

WILLEMSEN, CARL ARNOLD: Das Falkenbuch Kaiser Friedrichs II. In: Kosmos 47. Jg./1951

Die Falkenjagd. Bilder aus dem Falkenbuch Kaiser Friedrichs II. Leipzig 1943

Castel del Monte. Wiesbaden 1955

4. Allgemeine Geschichte des Mittelalters

BELOW, GEORG VON: Die italienische Kaiserpolitik des deutschen Mittelalters. München–Berlin 1927

BURDACH, KONRAD: Vom Mittelalter zur Reformation. Bd. II, 1. Berlin 1913

EDSCHMID, KASIMIR: Italien: Rom und der Süden. Stuttgart 1957

GREGOROVIUS, FERDINAND: Geschichte der Stadt Rom im Mittelalter. Bd. 5.
Stuttgart 1865

HAMPE, KARL: Das Hochmittelalter. 5. Aufl. Köln 1963
Deutsche Kaisergeschichte im Zeitalter der Salier und Staufer. 11. Aufl.
Heidelberg 1963

JASTROW, IGNAZ, und GEORG WINTER: Deutsche Geschichte im Zeitalter der
Hohenstaufen. 2 Bde. Stuttgart 1897–1901

KUGLER, BERNHARD: Geschichte der Kreuzzüge. Berlin 1880

LAMPRECHT, KARL: Deutsche Geschichte. Bd. 3. Freiburg i. B. 1906

MICHAEL, EMIL: Geschichte des deutschen Volkes vom 13. Jahrhundert bis
zum Ausgang des Mittelalters. Bd. 6. Freiburg i. B. 1915

MITTEIS, HEINRICH: Der Staat des hohen Mittelalters. Weimar 1962

RAUMER, FRIEDRICH VON: Geschichte der Hohenstaufen und ihrer Zeit. Bd. 3–
4. Reutlingen 1828–1829

SCHEFFER-BOICHORST, PAUL: Zur Geschichte des 12. und 13. Jahrhunderts.
Berlin 1897

WILKEN, FRIEDRICH: Geschichte der Kreuzzüge nach morgenländischen und
abendländischen Berichten. Bd. 6. Leipzig 1830

NAMENREGISTER

Die kursiv gesetzten Zahlen bezeichnen die Abbildungen

Adelasia, Königin von Sardinien 101
Alberich 129
Alfons X. der Weise, König von Kastilien und Leon 128
Al-Kamil, Sultan 43
Aristoteles 66, 78, *67, 68*
Arnold, Bruder 123
Augustus, Kaiser (Gaius Octavius) 54, *65, 55*
Averroes (Ibn Ruschd) 66
Batu, Chan der Goldenen Horde 111
Beatrix von Burgund, Kaiserin 7
Béla IV., König von Ungarn 99
Berard von Bari, Erzbischof 19
Berard von Palermo, Erzbischof 134
Bianca Lucia, Gräfin 129
Borgia, Cesare 128
Brienne, Jean de, König v. Jerusalem, Kaiser v. Konstantinopel 36
Burckhardt, Jacob 138, 139
Coelestin IV., Papst 115 f
Colonna, Johann, Kardinal 116
Curialis, Matheus 61
Dante Alighieri (Dante da Alighiero di Bellincione d'Alighiero) 33, 36, 54, 70, 130, 141, *131*
David, König von Juda und Israel 46, 96
Dschingis-Khan (Temudschin) 111
Edschmid, Kasimir (Eduard Schmid) Anm. 98
Elisabeth, Landgräfin von Thüringen 95, *94*
Elisabeth von Bayern, Königin 124
Engelbert I., Erzbischof Köln 27, *26*
Enzio, König von Sardinien 67, 101, 109, 127, 129, 132 f
Ezzelino III da Romano 128, 133
Fahr ed-Din, Emir 44
Fibonacci, Leonardo 33
Fiesco, Sinibaldo s. u. Innozenz IV.
Franciscus, Tibald 127
Franz von Assisi (Giovanni Bernardone) 40

Friedrich I. Barbarossa, Kaiser 7, 40, 139
Friedrich II. der Streitbare, Herzog von Österreich und Steiermark 97
Friedrich von Antiochien 48, 67
Gerold, Patriarch von Jerusalem 46
Gottfried von Sabina s. u. Coelestin IV., Papst
Gregor VII., Papst 40, 51
Gregor IX., Papst 40, 41, 42, 47, 49, 51, 61, 92, 96, 100, 101, 105, 109, 115, 116, *41*
Güterbock, Ferdinand Anm. 56
Hampe, Karl Anm. 1, 3, 5, 22, 101
Heinisch, Klaus J. 142; Anm. 14, 17, 19, 28, 30, 58, 62, 81, 90, 107
Heinrich III., König von England Anm. 29
Heinrich IV., Kaiser 51, 139
Heinrich VI., Kaiser 7 f, 135, *8, 22*
Heinrich (VII.), König 18, 22, 27, 85 f, 92, *39*
Heinrich der Löwe, Herzog von Bayern und Sachsen 11, 92
Heinrich Raspe, Landgraf von Thüringen 123, 127, *126*
Hermann von Salza, Hochmeister 24, 49, 87, 92, 101
Honorius III., Papst 25, 27, 28, 36, 40, *25*
Hugo von Ostia s. u. Gregor IX.
Huillard-Bréholles, Jean Louis Alphons 142 f
Ibn-Abbad, Emir 29
Ibn Sabin 47
Innozenz III., Papst 11, 15, 18, 21 f, 24, 27, *12*
Innozenz IV., Papst 116, 119 f, 127, 135, *117*
Isabella von England, Kaiserin 90
Isabella von Jerusalem, Kaiserin 36, 38, 90, *39*
Jesus 47, 54, 96, 111, *33*
Joachim von Fiore (Gioacchino da

Fiore) 106
Johann ohne Land, König von England 90
Johannes von Winterthur 48 f
Justinian I. der Große, byzantinischer Kaiser 54
Kampers, Franz Anm. 47, 105, 128
Kantorowicz, Ernst 63, 142; Anm. 4, 6, 12, 19, 27, 32, 43, 48, 51, 55, 68, 70, 74, 83, 85, 87, 89, 93, 99, 100, 112
Karl I. von Anjou, König von Neapel und Sizilien 133, 138
Konrad IV., König 38, 48, 90, 97, 120, 124, 128, 134, 136, 138
Konrad von Marburg 86
Konrad von Urslingen, Herzog von Spoleto 9
Konradin, Herzog von Schwaben 133, 138
Konstanze, Kaiserin von Nikäa 129
Konstanze von Aragonien, Kaiserin 15, 18
Konstanze von Sizilien, Kaiserin 7 f, 11, 135
Ludwig I. der Kelheimer, Herzog von Bayern 121
Ludwig IV. der Heilige, Landgraf von Thüringen 41, 95, 106
Ludwig IX. der Heilige, König von Frankreich 115, 119, 129, 134
Manfred, König von Sizilien 67, 75, 129, 134, 136, 138
Margarethe 90
Markward von Anweiler, Truchseß 11
Mohammed 45, 47, 49
Montelongo, Gregor von, Nuntius 101
Moses 47, 120
Naumann, Hans Anm. 52
Orsini, Matteo Rosso, Senator 115, 116
Otto I. das Kind, Herzog von Braunschweig-Lüneburg 92
Otto II. der Erlauchte, Herzog von Bayern 124
Otto IV. von Braunschweig, Kaiser

11, 15 f, 19, 17
Otto von St. Nikolaus, Kardinal 118
Otto von Wittelsbach, Pfalzgraf 15
Ovid (Publius Ovidius Naso) 103
Paulus 103, 110
Peter II., König von Aragón 15
Peter von Vinea, Großhofrichter 51, 54, 70, 90, 103, 116, 130 f, 73
Petrus 42, 101, 103, 110
Philipp von Schwaben, König 10, 11, 15
Philipp II. August, König von Frankreich 20
Platon 68
Rainald von Capua, Erzbischof 11
Rainer von Viterbo, Kardinal 117 f, 119, 120
Reinmar von Zweter 70, 71
Robert von Somercote, Kardinal 115
Roger II., König von Sizilien 7, 58, 135
Salimbene da Parma 29, 36
Schaller, Hans Martin Anm. 34, 46, 49, 54, 77, 102, 126
Schöppfer, H. Anm. 58, 60, 63
Scotus, Michael 33, 66
Siegfried von Eppstein, Erzbischof von Mainz 19, 97, 126
Steinen, Wolfram von den 142; Anm. 29, 35, 36, 37, 38, 76, 84, 86, 113
Thaddäus von Suessa 121, 130
Thomas von Aquin 67, 68
Thomas von Capua, Kardinal 49
Thomas von Montenero 61
Tiepolo, Pietro 98, 111
Vatatzes, Johannes, Kaiser von Nikäa 129
Wahl, Rudolph Anm. 15
Walter von Palearia, Kanzler 11
Walther v. d. Vogelweide 19, 70, 20
Wilhelm II., König von Sizilien 7
Wilhelm von Holland, Graf 124, 134, 126
Willemsen, Carl Arnold Anm. 57, 59, 61
Winkelmann, Eduard Anm. 17, 72, 78, 80

ÜBER DEN AUTOR

HERBERT NETTE, geboren am 14. März 1902 in Oberhausen (Rheinland). Studium der Geschichte, Germanistik und Rechtswissenschaft; Dr. jur. 1927 bis 1941 Feuilletonredakteur des «Darmstädter Tagblatts», 1941 bis 1943 der «Kölnischen Zeitung». 1946 bis 1949 Literarischer Leiter des Claasen & Roether Verlags, Darmstadt. 1950 bis 1953 Feuilletonredakteur der «Frankfurter Allgemeinen Zeitung». 1954 bis 1973 Cheflektor des Eugen Diederichs Verlags, Düsseldorf. Mitglied des PEN der Bundesrepublik.

Publikationen: «Die großen Deutschen in Italien» (1938); «Wort und Sinn. Von den Elementen der Sprache» (1946); «Adieu Les Belles Choses. Eine Sammlung letzter Worte» (1971); Editionen aus Werken, Briefen und Tagebüchern von Goethe, Wilhelm von Humboldt, Lichtenberg. Viele Publikationen in Zeitungen, Zeitschriften und Sammelbänden. – Studienreisen durch Italien.

QUELLENNACHWEIS DER ABBILDUNGEN

Privatbesitz: 6 / Universitätsbibliothek Heidelberg: 8, 71 / Lala Aufsberg, Sonthofen: 8, 9, 10, 34, 39, 50, 64, 74, 77, 76 unten, 88, 89, 91, 107, 112, 113, 135 / Vatikanische Bibliothek, Rom: 12 / Aus: Karl Isper, Kaiser Friedrich II. Leben und Werk in Italien, Leipzig 1942: 13, 16, 35, 76 oben, 79 unten, 82 / Gisela Hertel, Bad Berneck: 8 / Bildarchiv Foto Marburg: 22, 23, 73 / Victoria- und Albert-Museum, London: 24 / Uwe Rump, Digolfing: 26 / Staatsbibliothek Berlin: 33, 141 / Rowohlt-Archiv: 37, 117, 140 / Louvre, Paris: 44/45, 68 / Archiv für Kunst und Geschichte, Berlin: 55, 80/81 / Bibliothèque de l'Arsenal, Paris: 52 / Deutsches Archäologisches Institut, Rom: 56, 124, 125 / Staatsarchiv Bremen: 62 / Kunsthistorisches Museum, Wien: 67 / Bürgerbibliothek, Bern: 66 / Aus dem Falkenbuch, Bibliothèque Nationale: 84, 85 / Staatsbibliothek München: 93 / British Museum, London: 104 / Aus: Hartm. Schedel, Weltchronik, Nürnberg 1493: 108 / Österreichische Nationalbibliothek, Wien: 110 / Aus: Kurt Pfister, Kaiser Friedrich II., München 1942: 17, 41, 79 oben, 87, 94, 95, 126 / Biblioteca Nazionale, Florenz: 131 / Foto Renate Gruber, Darmstadt: 137.